Grundfragen der Beratung
Band 2

dgvt Verlag

Die Buchreihe

Grundfragen der Beratung

wird herausgegeben von

Dr. Annett Kupfer, Dresden

Prof. Dr. Sandra Wesenberg, Berlin

Christian Paulick

Systemische Beratung

dgvt Verlag

Tübingen
2024

Kontaktadresse:
Prof. Dr. Christian Paulick
Hochschule Merseburg
Fachbereich Soziale Arbeit. Medien. Kultur
Eberhard-Leibnitz-Str. 2
06217 Merseburg

E-Mail: christian.paulick@hs-merseburg.de

Bibliografische Information der Deutschen Nationalbibliothek
Die Deutsche Nationalbibliothek verzeichnet diese Publikation in der Deutschen Nationalbibliografie; detaillierte bibliografische Daten sind im Internet über http://dnb.d-nb.de abrufbar.

Im Sudhaus
Hechinger Straße 203
72072 Tübingen
E-Mail: mail@dgvt-verlag.de
Internet: www.dgvt-Verlag.de

Umschlaggestaltung: Winkler_Design, Wolfgang Winkler, Tübingen
Layout: VMR, Monika Rohde, Leipzig
Druck: Printed in Germany

Auch als E-Book erhältlich: ISBN 978-3-87159-452-6

ISBN 978-3-87159-752-7

Inhaltsverzeichnis

Vorwort zu Christian Paulick „Systemische Beratung“

Wir freuen uns, mit dem Band „Systemische Beratung“ von Christian Paulick das Ziel der „Kleinen Reihe“ zu *Grundfragen der Beratung* weiter verfolgen zu können, zentrale Grundlagenthemen wie aktuelle Beratungsdiskurse in kompakter Form zu präsentieren. Denn genau das macht der Autor: Mit profundem Fachwissen und einer beeindruckenden Expertise hat er einen Band geschaffen, der nicht nur eine detaillierte Landkarte für diejenigen bereithält, die sich erstmals in der Welt der systemischen Beratung orientieren möchten, sondern auch einen strukturierten Blick in die vielfältigen Entwicklungen des systemischen Ansatzes ermöglicht und zahlreiche Wege zur Vertiefung für alle eröffnet, die bereits erste Kenntnisse und Erfahrungen im systemischen Arbeiten mitbringen.

Einführend nimmt uns Christian Paulick mit auf eine Reise in die Geschichte der systemischen Beratung und skizziert die wesentlichen Entwicklungslinien bis heute. Den Leser*innen wird facettenreich von den Anfängen in der Sozialen Arbeit über die „Entdeckung der Familie“ in frühen Modellen der Familientherapie bis hin zu den aktuellen Feindifferenzierungen in der Kybernetik zweiter Ordnung eine Übersicht gegeben.

Ein zentraler Teil des Buches widmet sich dann den systemischen Haltungen als Basis einer nachhaltigen, wirksamen Beratung. Mit den Abschnitten zu Autonomie, Lösungsorientierung und Zirkularität werden u. a. die essenziellen Prinzipien vermittelt, die den Perspektiven systemischer Berater*innen auf die Welt ihrer Klient*innen zugrunde liegen.

Im umfangreichen Kapitel zu Methoden und Techniken systemischer Beratung(en) werden konkrete Werkzeuge vorgestellt, die in der Praxis Anwendung finden. Dabei verdeutlicht Christian Paulick, wie eine differenzierte Handhabung von Auftragsklärung über konstruktive W-Fragen bis hin zu zirkulären Fragen eine nachhaltige Veränderung in den Beratungskontexten bewirken kann.

Die Frage nach der Beziehung zwischen systemischer Beratung, systemischer Therapie und systemischer Psychotherapie wird in einem eigenen Kapitel gründlich beleuchtet. Hierbei werden nicht nur die Gemeinsamkeiten und Unterschiede aufgezeigt, sondern auch kritische Fragen gestellt, die zu weiteren Reflexionen und Diskussionen anregen.

Dieser Band von Prof. Dr. Christian Paulick bietet eine wertvolle Ressource für Studierende, Lehrende und Praktiker*innen im Bereich der systemischen Beratung und trägt dazu bei, ein umfassendes Verständnis für die Komplexität und die Vielfalt dieses Ansatzes aufzubauen und zu vertiefen.

Wir sind überzeugt, dass dieses Buch seinen Weg zu vielen interessierten Leser*innen findet und einen nachhaltigen Beitrag zur Weiterentwicklung der systemischen Beratung leistet.

Sandra Wesenberg und Annett Kupfer
Berlin und Dresden, März 2024

Einführung

Keine Frage, systemische Beratung ist *en vogue*. Sie scheint in den Beratungslandschaften eine gewisse Omnipräsenz zu haben und findet sich in der konkreten Praxis in nahezu sämtlichen Beratungsfeldern, in der Arbeit mit Klient*innen über sämtliche Lebensalter, in ambulanten und stationären Kontexten, in digitalen, analogen oder Blended Counseling-Formaten, ist anschlussfähig für beinahe alle Themen und adressiert Einzel- und Mehrpersonenformate, ebenso wie Paare, Familien oder Teams. Fragen zur Befähigung, systemisch beraten zu können, werden dabei alles andere als exklusiv verhandelt. Auch hier findet sich eine erstaunliche Thematisierungsbreite, sei es an Hochschulen und Universitäten, in Ausbildungen und Weiterbildungen, auf Kongressen und Fachtagungen, in Fachliteratur und Lebenshilfepublikationen, in Mikro-Fortbildungen und Podcasts. Beobachtbar sind Versprechen auf den Märkten der (Fort-)Bildungsindustrie, systemische Berater*innen in sich ständig verkürzenden Zeiträumen und sich verdichtenden Kontexten zu qualifizieren oder ein attraktives Potpourri an Methoden kompakt anzubieten, sodass sich den Konsumierenden die Idee, „im Grunde doch eigentlich schon längst systemisch zu beraten", fast von selbst zur Selbsterkenntnis anbietet. Wie Reinert Hanswille (2022) ironisch formuliert: „Alles ist systemisch, wenn nur mehrere Personen beteiligt oder die Wunderfrage gestellt wird" (S. 22).

Weder ist der Begriff *Beratung* noch *systemisch* noch *systemische Beratung* gesetzlich geschützt, was nicht nur zu Unterschieden von Zertifizierungen, Standardisierungen und Qualifikationsprozessen führt. Tatsächlich geht das Wuchern systemischer Beratungsformate und die Heterogenität von Verwendungsweisen mit einer enormen Ausdifferenzierung einher, wodurch Auffaserungen, Unschärfen und teilweise auch Verwaschungen sowie Trivialisierungen zu beobachten sind. Und so ist mit dem Terminus systemische Beratung „alles andere als ein einheitliches Konzept umrissen" (Engel & Sickendiek, 2005, S. 168).

Bei den dynamisierenden Entwicklungen, der Streumenge und der Heterogenität stellt sich zunehmend die Frage, was systemische Beratung im Kern ausmacht? Inwieweit lässt sie sich bestimmbar einkreisen und herausarbeiten, ohne die Breite und Aktualität aus dem Blick zu verlieren? Welche Dimension von Praktiken, welche Ideen und welche Haltungen können als eine Art Identität systemischer Beratung beschreibbar gemacht werden?

Der hier vorgelegte Band[1] in der Reihe *Grundfragen der Beratung* versucht, entlang von vier Schwerpunkten einen Antwortvorschlag auf diese Fragen anzubieten.

Nach kurzen Überlegungen zu Begrifflichkeiten werden zunächst die ideengeschichtlichen Diskursspuren des systemischen Ansatzes verfolgt. Die Impulsgebungen und Bündelungen systemischen Arbeitens in den Kontexten von Be-

1 Dieser Band beruht auf langjährigen Vorarbeiten und Überlegungen, die teilweise bereits in anderen Veröffentlichungen dargestellt sind (vgl. Paulick, 2019, 2020a, 2020b, 2020c, 2020d, 2021; Paulick & Wesenberg, 2019, 2020, 2024).

ratung, Therapie, Sozialer Arbeit, Biologie und Soziologie werden dabei über markante Etappen, Ideen und Personen rekonstruiert und – bezogen auf ihre Bedeutsamkeit für die systemische Beratung – herausgearbeitet. Somit wird über die Nachzeichnung einschlägiger Entwicklungslinien und Diskurse eine Verstehbarkeit des dynamischen Gewordenseins und aktueller Ausgestaltungen systemischer Beratung ermöglicht sowie mit zentralen Begriffen und Konzepten vertraut gemacht. Anschließend werden die Vielfältigkeit und Ausgestaltungsformen systemischer Beratungsformate über die Verdichtung auf sieben Aspekte systemischer Haltungen eingefangen, die als Kern systemischer Beratung gelten können: Autonomie, Lösungsorientierung, Neugier, Neutralität, Ressourcenorientierung, Wertschätzung/Würdigung und Zirkularität. Haltung als „innere Einstellung, die in Handeln überführt wird" (Paulick & Wesenberg, 2024, S. 40), wird dabei als zentrale Referenz systemischer Beratung angeboten. Auf Grundlage der damit geschaffenen Standortbestimmung wird ein Methodenrepertoire vorgelegt, das sich im systemischen Arbeiten mit Einzelpersonen, Paaren, Familien, Mehrpersonensystemen oder Organisationen bewährt hat. Gleichzeitig wird eine Einordnung von Methoden in Formaten systemischer Beratung(en) vorgenommen. Abschließend werden Überlegungen zum Verhältnis von systemischer Beratung und systemischer Therapie(n) angeboten und vor dem Hintergrund aktueller Entwicklungen und Ausgestaltungen diskutiert.

Ziel dieses Bandes ist es, eine Standortbestimmung systemischer Beratung anzubieten und damit einen komprimierten Einstieg für Student*innen, Fort- und Weiterbildungsteilnehmer*innen und Lernbegeisterte zu ermöglichen.

Begriffliche Annäherungen

Um systemische Beratung zu verstehen, ist es unerlässlich, den Prozess des Gewordenseins zu betrachten und das *Wie* im Zusammenspiel von Ideen und Praktiken nachzuzeichnen.

Systemische Beratung wurzelt im *systemischen Ansatz*, also den drei Entwicklungszusammenhängen von *Systemtheorie, Konstruktivismus* sowie der *lebens(welt)kontextlichen Praxis von Hilfeformaten* Sozialer Arbeit, Familienberatung und systemischer (Familien-)Therapie in den historischen Entwicklungslinien seit Ende des 19. Jahrhunderts (Kriz, 2014, S. 245ff.; Ludewig, 2021, S. 59ff.; Müller, 2013; von Schlippe & Schweitzer, 2016, S. 34f.; Stierlin, 2001; Heekerens, 2022). Es ist sinnvoll, zunächst mit dem Begriff des *systemischen Ansatzes* zu operieren, stellt er doch das übergeordnete Paradigma dar, auf das sich Beratungs-, Therapie- und Hilfeverfahren sowie Arbeitsformen beziehen, die in ihren Herangehensweisen, Theoriemodellen, Begrifflichkeiten, Methoden und Konzepten sowie auch hinsichtlich ihrer Haltung eine systemische Ausrichtung verfolgen. Hierzu zählen systemische Therapie, systemische Soziale Arbeit, systemisches Coaching, systemische Mediation, systemische Supervision, systemische Organisationsentwicklung, systemische Pädagogik und natürlich systemische Beratung. Arbeitsformen nach dem systemischen Ansatz können sich sowohl auf Einzelpersonen, Paare, Familien, Mehrpersonensysteme als auch auf Organisationen beziehen (vgl. Paulick, 2020a).

Und so lohnt es sich an dieser Stelle, einen kurzen etymologischen Blick auf den Kernbegriff des systemischen Ansatzes zu werfen: Der Begriff *System* geht auf das griechische *sýstēma* zurück und bedeutet, „aus mehreren Teilen zusammengesetztes und gegliedertes Ganzes“, aber auch „Gebilde, Verbundenes“. Eine weitere Fährte führt zu *synistánai*, was mit „zusammenstellen, verknüpfen“ übersetzt werden kann (vgl. Paulick, 2020a; Baecker, 2022b; Simon, Clement & Stierlin, 2004, S. 324). System bezeichnet also eine „beliebige Gruppe von Elementen, die durch Beziehungen miteinander verbunden und durch eine Grenze von ihren Umwelten abgrenzbar sind“ (von Schlippe & Schweitzer, 2016, S. 31); also etwas Verbundenes, was sich durch Zusammenhänge von Bestandteilen formiert bzw. ein sich aus Elementen zusammengesetztes Gebilde umfasst. Die Vielschichtigkeit des Systembegriffs ist bemerkenswert, bezieht er sich doch nicht nur auf das Erkenntnisinteresse (das begrifflich Benannte) systemischen Denkens, sondern lässt sich auch auf das Gewordensein des systemischen Ansatzes und die Arbeitsformate (die begrifflich Benennenden) selbst übertragen. Der systemische Ansatz ist auf keine zentrale Begründungsinstanz zurückzuführen, vielmehr führen die Diskursspuren in multiprofessionelle und transdisziplinäre Formate (Levold, 2016a) und lassen Akteur*innen erkennen, die Neues innerhalb ihrer Disziplinen und Professionen wagten und auf der Suche nach anderen Wegen des Helfens oder des Verstehens sich mit ihren Ideen gegenseitig befruchteten. Von Beginn an war der systemische Ansatz ruhelos, im Wandel, keinen Stillstand duldend, neugierig und „sich-entwickeln-wollend“. Impulsgebungen für den systemischen Ansatz kamen insbesondere aus der Anthropologie, Biologie, Ethnologie, den Ingenieurswissenschaften, der Mathematik, Medizin, Physik, Psychologie, Sozialer Arbeit, aber auch der Soziologie. Und so impliziert der systemische Ansatz die trans- und interdisziplinären Wechselwirkungen von Systemtheorie, Konstruktivismus und den Entwicklungen systemischer Praxis (systemische Beratung, systemische Soziale Arbeit, systemische Therapie) (vgl. Paulick, 2020a).

> Ein Wesensmerkmal der wissenschaftlichen Grundlegung des systemischen Ansatzes liegt […] darin, dass Wissen nicht als einheitlicher, widerspruchsfreier Kanon theoretischer und praxeologischer Konzepte, sondern als sich selbstständig in Frage stellende soziale und kommunikative Praxis verstanden wird, die sich in einer Vielzahl von unterschiedlichen Facetten, Bezugnahmen und Entwicklungsrichtungen entfaltet. Gleichzeitig bietet es einen konzeptuellen Rahmen an, der Perspektivendifferenzen zwar ermöglicht, aber nicht der Beliebigkeit anheimstellt. (Levold & Wirsching, 2016, S. 11)

Systemische Beratung – ein Definitionsversuch

Aufbauend auf den Vorarbeiten von Levold und Wirsching (2016), Levold (2020), Mücke (2019a), Nestmann, Sickendiek und Engel (2014), Ochs (2020b), Paulick, (2020a), Paulick und Wesenberg (2024), Schmidt (2021), Sickendiek, Engel und Nestmann (2008) sowie von Schlippe und Schweitzer (2016, 2019) lässt sich systemische Beratung folgendermaßen definieren:

> Als spezifische Kommunikationsform und auftragssensibles Hilfeformat ist systemische Beratung einer Haltung – im Sinne einer inneren Einstellung, die in Handeln über-

führt wird – verantwortet, die sich über sieben Aspekte beschreiben lässt: Autonomie, Lösungsorientierung, Neugier, Neutralität, Ressourcenorientierung, Wertschätzung/Würdigung und Zirkularität. Sie kann unterstützen, indem sie subjektive Wirklichkeitskonstruktionen (von Beratungsnutzenden in ihrer biografischen Gewordenheit und ihrem aktuellen Krisen-/Problemerleben) oder Entscheidungsoffenheit und Herausforderungen der Lebensführung mit Stabilisierungs-, Reflexions-, Orientierungs-, Bewältigungs- und Entwicklungsangeboten kontextualisiert. Vor dem Hintergrund von Kontingenzbewusstsein versteht systemische Beratung Anliegen oder Probleme nicht als individuelle Phänomene, sondern als in komplexe Gesamtzusammenhänge eingebettet und als kollektive Herstellungsleistung eines Systems, dergestalt auch dort Lösungsmöglichkeiten verortet werden. Als begleitende, reflexive Sortierungshilfe werden Kommunikation und Interaktion, werden Individuum und biopsychosoziale Systeme, werden Beziehungen und Beobachtungen in ihren Wechselwirkungen und in ihren Kontexten befragt. Systemische Beratung impliziert dabei das variantenreiche Arbeiten mit Einzelpersonen, Paaren, Familien, Mehrpersonensystemen oder Organisationen und umfasst als Oberbegriff auch spezielle Beratungsformen und -konzepte in beruflichen Kontexten, wie systemische Supervision, systemische Mediation und systemisches Coaching sowie in psychosozialen, sozialpädagogischen Kontexten bzw. nicht heilkundlichen Bereichen des Gesundheitswesens als systemische Therapie.

Und systemische Therapie?

Gerade weil in der Geschichte systemischer Ansätze eine klare Differenzierungshandhabung von *systemischer Beratung* und *systemischer Therapie* nicht umgesetzt wurde, sondern die Begriffe teilweise synonym, teilweise alternierend, teilweise im Suffix verwendet wurden, um das multiprofessionelle Projekt und den transdisziplinären Charakter zu unterstreichen, werden in den nächsten Kapiteln – an diese Tradition anschließend – vereinzelt Sprachkonstruktionen auftauchen, die *auch* „therapeutisch" oder „Therapie" im Zusammenhang mit dem systemischen Ansatz verwenden, sich jedoch zugleich auf das oben definierte Beratungsverständnis beziehen, also primär systemische Beratung beschreibbar machen und Therapie als spezialisierte Sonderform beinhalten. Die im Jahr 2020 im Zuge der Anerkennung von systemischer Psychotherapie als Psychotherapierichtlinienverfahren für Erwachsene leidenschaftlich geführten Identitätsdebatten von systemischer Beratung, systemischer Therapie und systemischer Psychotherapie[2] werden im fünften Kapitel behandelt.

---

2 Psychotherapeutische Tätigkeiten im Heilkunde- und Gesundheitswesen sind in ihren Konkretheiten im deutschen Recht nicht in einem einzelnen Paragrafen geregelt, sondern berühren mehrere Gesetzesbücher, rechtliche Regelungen und Pflichten. Eine erläuternde Differenzierung der Komplexitäten findet sich bei Joachim Wenzel (2020), der die Rechtsfolgen insbesondere verortet sieht in: Art. 12 Grundgesetz (GG), § 5 Gesetz über die berufsmäßige Ausübung der Heilkunde ohne Bestallung (Heilpraktikergesetz) (HeilprG), Psychotherapeutengesetz (PsychThG), Heilberufsgesetze der Bundesländer,

§§ 630a bis h Bürgerliches Gesetzbuch (BGB), Heilmittelwerbegesetz (HWG), § 4 Umsatzsteuergesetz (UStG), Art. 5 EU-Datenschutzgrundverordnung (EU-DSGVO). Im Folgenden wird, im Sinne der Lesbarkeit, diese Komplexitäten umfassend von systemischer Psychotherapie gesprochen.

2 Entwicklungslinien des systemischen Ansatzes

Um das Wesen systemischer Beratung zu verstehen, ist es sinnvoll, zunächst das Gewordensein des systemischen Ansatzes als übergeordnetes Paradigma (das etwa auch systemische Therapie und systemische Soziale Arbeit beheimatet) nachzuzeichnen.

In seinen Entwicklungslinien ist der systemische Ansatz nicht als stringenter roter Faden rekonstruierbar, vielmehr kennzeichnet sich die systemische Geschichte über das Zusammentreffen sich gegenseitig befruchtender, aber auch voneinander abgrenzender Theorie- und Praxisansätze. Während sich wichtige Diskursspuren zu Beginn des 20. Jahrhunderts in Ansätzen Sozialer Arbeit finden lassen, alsdann Einflüsse aus der Individualpsychologie sowie Familientherapie und nach dem Zweiten Weltkrieg aus therapeutischen Kontexten bzw. Tradierungen entstammende Modifikationen beobachtbar sind, charakterisiert sich der systemische Ansatz seit den 1960er-Jahren durch interdisziplinäre Wechselwirkungen, Impulsgebungen und Bündelungen von Beratung, Therapie, Sozialer Arbeit, Biologie, Physik und Soziologie. Lässt sich Systemik also als vielfältig und dynamisch in ihrem Gewordensein verstehen, sind dennoch markante Etappen, Ideen und Personen zu konstatieren, die im Folgenden – aus dem Interessensfokus systemischer Beratung heraus – vorgestellt werden.

2.1 Diskursspuren in die Soziale Arbeit. Oder: Die „Entdeckungen“ von Lebens(welt)kontexten und des Sozialen Ortes

Leitidee I: Hilfeformate sind vielfältig und erlauben sich, mit Komm- und Gehstrukturen zu experimentieren. Das Individuum wird in Lebens(welt)kontexten betrachtet und sozialdiagnostisch zu verstehen versucht.

Im Unterschied etwa zur Psychoanalyse ist die Geburt der Familientherapie nicht auf eine zentrale Begründungsinstanz zurückzuführen, vielmehr entstand die Idee des Verlassens einzel- und gruppentherapeutischer Settings zugunsten des familialen Einbezugs unabhängig voneinander an mehreren Orten und innerhalb mehrerer Professionen. So reichen die Wurzeln der Familientherapie bis ins späte 19. Jahrhundert und zu ersten familienorientierten sozialarbeiterischen Ansätzen zurück (Simon in Kollar, 2023, S. 30)[3]. Bedeutsame theoretische und praktische Impulse für den systemischen Ansatz wurden von Jane Adams (1860–1935) (Idee der Gemeinwesenarbeit sowie Interdisziplinarität in der Einrichtung Hull House) und Alice Salo-

3 In seiner Autobiografie der Heidelberger Gruppe führt Andreas Kollar Gespräche mit Gunther Schmidt, Fritz B. Simon und Gunthard Weber als zentrale Protagonisten dieser Schule. Um eine Zuordnung des jeweiligen Ideenautors zu ermöglichen, wird im Folgenden der jeweilig Sprechende im Zitationsverweis angeführt.

mon (1872–1948) (Soziale Diagnose, Soziale Therapie und Ressourcenorientierung) gesetzt (Müller, 2013). Insbesondere bei Alice Salomon findet sich in den Überlegungen zur „Kunst zu helfen" eine Verschränkung von Kontextfokussierung und Ressourcenorientierung, wie sie 1926 in *Soziale Diagnose* formuliert. Die Idee von Fürsorge zielt darauf ab, „dass man entweder einem Menschen hilft, sich in der gegebenen Umwelt einzuordnen, zu behaupten, zurecht zu finden – oder dass man seine Umwelt so umgestaltet, verändert, beeinflusst, dass er sich darin bewähren, seine Kräfte entfalten kann" (Salomon, 1926, S. 59).

Tatsächlich wird der weiblichen Seite der Wurzeln systemischen Arbeitens, die sich sowohl in Europa als auch den USA in der Sozialarbeit und Wohlfahrtspflege zur Jahrhundertwende finden, in der geschichtlichen Betrachtung der Systemik wenig detaillierte Aufmerksamkeit geschenkt. Dies ist durchaus erstaunlich, zumal das Befragen und Betrachten von Lebens(welt)kontexten, von politisch-wirtschaftlichen Zusammenhängen sowie das Zusammendenken von Individuum, Familie und Gemeinwesen bereits drei bis vier Jahrzehnte vor der Stellenwertgebung dieser Parameter in therapeutischen Formaten eine sozialarbeiterische „Selbstverständlichkeit" war. Denn: „Die sozialpädagogischen Institutionen umkreisen seit jeher die Familie, als sei sie ein Fixstern" (Böhnisch, 2022, S. 86).

Während also eine markante Diskursspur systemischen Arbeitens in die Sozialarbeit, Sozialpädagogik und Wohlfahrtspflege des ausgehenden 19. und beginnenden 20. Jahrhunderts führt, reicht eine weitere zu einzelnen Vertreter*innen, die psychoanalytische und pädagogische Ideen kombinieren, sowie zur sich entwickelnden Individualpsychologie. Sigfried Bernfeld (1892–1953) und seine Idee des Sozialen Ortes (als Verschränkung des sozialräumlichen Bedingungsgefüges mit der subjektiven, gelebten Realität von Jugendlichen) legte nichts anderes als den „disziplinhistorischen Grundstein für eine *akzeptierende* und *alltagsorientierte* Jugendhilfe und Sozialarbeit" (Böhnisch, Schröer & Thiersch, 2005, S. 72). Die Idee, das Individuum nicht isoliert, sondern auch im Kontext der Familie und hinsichtlich sozialer Beziehungen zu betrachten, wurde zu Beginn des 20. Jahrhunderts von den Freudschülern August Aichhorn (1878–1948) und Alfred Adler (1870–1937) verfolgt und in Familienberatungsstellen und – nach heutigem Verständnis – in Form von aufsuchender Arbeit experimentell umgesetzt (Ritscher, 2009, S. 3f.). Die „Entdeckung" der Familie als Ansatzpunkt für Hilfeformate (sei es in der Sozialen Arbeit, Beratung oder Therapie) ist folglich kein Novum des systemischen Denkens, vielmehr reichen feine Verwurzelungen bis in verschiedene psychoanalytische bzw. tiefenpsychologische Kontexte. Ebenso sind Spuren in die Familienfürsorge, die Wohlfahrtspflege sowie die psychodynamisch orientierte Schizophrenietherapie in den USA zu finden (Müller, 2013; Stierlin, 2001; Heekerens, 2022).

2.2 Diskursspuren in frühe Modelle der Familientherapie. Oder: Die „Entdeckung" der Familie

Leitidee II: Das Individuum wird nicht allein betrachtet. Hilfeformate beziehen explizit die Familie mit ein.

Auf den beschriebenen frühen Entwicklungen aufbauend formierten sich in den 1950er-Jahren Denk-, Beratungs- und Therapieformate zu dem, was als systemischer Ansatz bezeichnet werden kann. Zu den häufig genannten Pionieren gehörten Lyman Wynne, Theodore Lidz, Don Jackson, Nathan Ackerman, Carl Whitaker und Iván Böszörményi-Nagy, die in einer Zeit, in der gesellschaftliche Nachwirkungen des Zweiten Weltkriegs (Traumatisierungen, Verluste, Trauer) auf eine durch wirtschaftliches Wachstum beeinflusste Therapieversorgungslandschaft trafen, damit begannen, Familien in die Therapie mit einzubeziehen (Kriz, 2014, S. 245ff.; Ludewig, 2021, S. 59ff.; von Schlippe & Schweitzer, 2016, S. 32ff.; Stierlin, 2007).

Unsichtbare Bindungen und Gerechtigkeitsbuchführungen in Familien

Ein für die Geschichte der systemischen Beratung bedeutsames Werk stellt *Unsichtbare Bindungen: Die Dynamik familiärer Systeme* von Iván Böszörményi-Nagy (1920–2007) und Geraldine M. Spark dar. Obgleich erst 1973 (Orig. *Invisible Loyalties*, dt. 1981) publiziert, finden sich in diesem Klassiker systemischen Arbeitens die jahrzehntelangen Erfahrungen eines Arztes und Psychotherapeuten sowie einer psychiatrischen Sozialarbeiterin, die ihre teilweise gemeinsame Arbeit mit Familiensystemen mit Theoriebildung (kontextuelle Therapie) verschränken.

Ausgangspunkt ist ein Systemkonzept,

> wonach das Individuum eine in sich geschlossene biologische und psychologische Einheit ist, deren Reaktionen

> nicht nur von der eigenen psychischen Konstitution, sondern auch von den Gesetzen der Gesamtfamilie bestimmt werden. Allgemein gesprochen ist ein System ein Gebilde von wechselseitig voneinander abhängigen Einheiten. (Böszörményi-Nagy & Spark, 2015, S. 20)

Die Autor*innen gehen davon aus, dass innerhalb von Familien Beziehungskonten geführt werden und Wechselspiele von Geben und Nehmen mit Gerechtigkeitserleben für die einzelnen Familienmitglieder einhergehen. Sowohl Gerechtigkeit als auch Loyalität können als unsichtbare Fasern gedacht werden, die als Gewebe Familiensysteme sowohl vertikal (über Generationen hinweg) als auch horizontal (auf der Ebenen von Partner*innen oder Geschwistern) verbinden (ebd., S. 69, 87). Gemäß dem Credo „wie ich gebe, so soll mir gegeben werden" (ebd., S. 266) eröffnen sich Fragehorizonte dahingehend, wer was für wen in der Familie tut/tat? Wer wann was erstattet (hat)? Oder wie dies aus einzelnen Perspektiven erlebt wird? (ebd.)

In diesen komplexen Balance-Herausforderungen von Sich-verbunden-Fühlen, Schuld und Verdienst, Verpflichtungen, Erwartungen und Loyalitäten können Dysbalancen der Beziehungsgerechtigkeiten mit (psychischen und/oder sozialen) „Störungen" einhergehen. Diese unsichtbaren Loyalitäten können als Belastungen durchaus transgenerational weitergegeben werden, dementsprechend in der konkreten Praxis die Betrachtung einer (mindestens) Drei-Generationen-Perspektive angeregt wird. Zumal

> „Loyalität" ein Schlüsselbegriff ist zum Verständnis der systemgebundenen (sozialen) wie der individuellen (psychischen) Ebene – insofern nämlich, als sie eine Verbin-

> dung herstellt zwischen den Bedürfnissen und Erwartungen eines sozialen Verbands (der stets auf Loyalität beruht und sie von seinen Mitgliedern erwartet) und dem Denken, den Gefühlen und Motivationen jedes einzelnen Verbandsmitglieds als Person. (ebd., S. 15)

Das „alles beherrschende Beziehungs-Ungleichgewicht" (ebd., S. 16) stellt der Phänomenbereich der Parentifizierung (die Elterlichmachung des Kindes auch im Sinne eines emotionalen Partner*innenersatzes) als Verzerrung innerhalb der Kind-Eltern-Beziehungen dar. Parentifizierungsvorgänge können ebenso in Partnerschaftskontexten beobachtet werden, indem etwa der*die Partner*in parentifiziert wird und auf diese Weise ein eigener Kind-Status (unbewusst) reinszeniert wird (ebd., S. 210). Für die Autor*innen sind Parentifizierungen nicht per se pathologisch, sondern ein auf Besitzansprüchen basierendes, „allgegenwärtiges Phänomen" (ebd., S. 226), welches dann Krankheitswert gewinnt, wenn psychische Lähmungsmuster und Entwicklungsverzögerungen aufrechterhalten werden.

Die Idee der unsichtbaren Loyalitäten und Gerechtigkeitserwartungen hat für die konkrete Arbeit mit Familiensystemen zwei essenzielle Anforderungen an den*die Berater*in. Zum einen gilt es eine Haltung von Allparteilichkeit gegenüber allen Systemmitgliedern einzunehmen. Dies meint ausdrücklich eben keine Neutralität oder vermeintliche Objektivität, sondern die „innere Freiheit" (ebd., S. 242) der bewussten Parteinahme gegenüber jedem einzelnen Familienmitglied nacheinander und dessen Bedürfnis nach Gehörtwerden und Gerechtigkeit. Zum anderen betonen Böszörményi-Nagy und Spark die Fähigkeit der beratenden Person, sich „eigenen Familienbeziehungen zu stellen" (ebd., S. 404), als essenzielle Voraussetzung für die Arbeit mit Familiensystemen.

Zu den bleibenden Impulsen Böszörményi-Nagys und Sparks für die Entwicklungen der systemischen Beratung gehören u. a. die Begriffe und Konzepte von Allparteilichkeit, Drei-Generationen-Perspektive, Ethik der Beziehungen, Loyalitätskonflikte und Parentifizierung (Baethge, Deissler & Reich, 2018; Böszörményi-Nagy & Spark, 2015; Emlein, 2017; Stierlin, 2001, S. 191–199).

2.3 Die Kybernetik erster Ordnung

Leitidee III: Der*die Berater*in beobachtet (Familien-) Systeme von außen und meint, das Beobachtete objektiv beschreiben zu können. Somit scheinen (Familien-) Systeme durch gezielte Impulse direktiv steuerbar.

Der Zeitraum der 1950er- bis Ende der 1970er-Jahre lässt sich für den systemischen Ansatz als Phase der Kybernetik erster Ordnung schematisieren. Terminologisch leitet sich Kybernetik aus dem Griechischen (griech.: *kybernetes* = Steuermann, Steuermannskunst) her und rückt Fragen der Steuerung von Mensch-Maschine-Systemen in den wissenschaftlichen Interessensfokus. Der Begriff wurde Mitte der 1940er-Jahre von dem Mathematiker Norbert Wiener eingeführt, anschließend in natur- und ingenieurwissenschaftlichen Kontexten diskutiert und im Rahmen interdisziplinärer Konferenzen (zehn Macy-Konferenzen zwischen 1946 und 1953) auf Fragen psychologischer und sozialer Prozesse übertragen (von Foerster & Pörksen, 2019, S. 107). Im Zentrum des gemeinsamen Interessensfokus stand dabei die Frage: „Wie wird Verhalten gesteuert?“ (Simon in Kollar, 2023, S. 32). Exemplarisch ist hier Gregory Bateson (1904–1980) anzuführen, dessen kybernetische Ideen sich als anschlussfähig für beraterisch-therapeutische Fragen und Herangehensweisen erwiesen haben (Levold, 2016b, S. 53ff.).

Homöostase

Charakteristisch für diese Phase sind Ideen, wonach (Familien-)Systeme durch gezielte Impulse therapeutisch steuerbar sind. Analog zu einem thermostatgesteuerten Heizungskreislauf und dem planvollen Regulieren der Raumtemperatur wurde „Familie zusehends im Sinne einer kybernetischen Maschine als Regelkreis verstanden, in dem fortlaufend Ist-Werte aus dem System mit einem jeweiligen Soll-Wert abgeglichen werden und interne Zustandsregulierungen für die Wiederherstellung des benötigten oder gewünschten Gleichgewichtszustandes (Homöostase) sorgen“ (Levold, 2016b, S. 54). Der*die Beobachter*in wird dabei als außenstehend gedacht, demgemäß ihm*ihr die Möglichkeit einer objektiven Beschreibbarkeit des zu Beobachtenden zugestanden wird (Simon, 2017, S. 18f.). Aus der Idee der vermeintlichen Außenposition und dem Konzept der Homöostase (also dem Erhalt eines Gleichgewichtszustands unter wechselnden Umweltbedingungen) entwickelt sich in der Kybernetik erster Ordnung eine beraterisch-therapeutische Rolle, die via direktiver Interventionen (Familien-)Systeme zielgerichtet zu steuern versucht (von Schlippe & Schweitzer, 2016, S. 104).

Das Mental Research Institute (MRI)

Ein für den systemischen Ansatz impulsgebender und einflussreicher Denkort war seit den 1950er-Jahren das Mental Research Institute (MRI) in Palo Alto. Die interdisziplinäre Arbeitsgruppe um den Psychiater Don D. Jackson (1920–1968), den schon erwähnten Anthropologen Gregory Bateson, dem Kommunikationswissenschaftler Jay Haley (1923–2007) sowie dem Chemie-Ingenieur und Anthropologen John H. Weakland (1919–1995) formulierte 1956 mit der „Doppelbindungs-Hypothese" den „erste[n] genuin kommunikationstheoretische[n] Erklärungsversuch zur Schizophrenie" (Ludewig, 2021, S. 64). Gemäß dieser Hypothese wurde schizophrenes Verhalten als sinnvolles Verhalten innerhalb von sozialen Kontexten verstanden, die kontinuierlich paradoxe Verhaltensaufforderungen und Kommunikationsformen bedienen (Bateson et al., 1984; von Schlippe & Schweitzer, 2016, S. 44; Ludewig, 2021, S. 64). Die interdisziplinäre Zusammensetzung der Palo-Alto-Gruppe, die Versuche kybernetische Ideen auf gesellschaftliche und therapeutische Fragestellungen zu übertragen und die Offenheit für kreative Ideen zog viele Menschen verschiedener Disziplinen und Professionen an, die heute als Klassiker*innen des systemischen Ansatzes gelten. Zu ihnen gehören auch Paul Watzlawick und Virginia Satir.

Paul Watzlawick

Paul Watzlawick (1921–2007) befasste sich am MRI zunächst intensiv mit Kommunikationsphänomen und formulierte gemeinsam mit Janet H. Beavin (*1940) und Don

D. Jackson (1920–1968) fünf Axiome, die sie 1967 in *Menschliche Kommunikation – Formen, Störungen, Paradoxien* publizierten (siehe Tabelle 1). Die Bedeutsamkeit dieser Axiome für die Theorie und Praxis systemischer Beratung ist kaum zu überschätzen.

Tabelle 1: *Die fünf Axiome menschlicher Kommunikation (Quelle: Eigene Darstellung in Anlehnung an Watzlawick, Beavin & Jackson, 1967/2017, S. 57–82)*

1. Metakommunikatives Axiom: „Man kann nicht nicht kommunizieren.“
Was ist damit gemeint? • Jedes Verhalten in zwischenmenschlichen Situationen hat Mitteilungscharakter. • Auch Schweigen und Nichtreagieren ist kommunikatives Handeln und bedarf der Aufmerksamkeit von Berater*innen. **Beispiel:** • Ein Mensch sitzt im Wartezimmer und blickt zu Boden oder schließt die Augen. Er signalisiert, nicht angesprochen werden zu wollen, was von anderen Mitwartenden i. d. R. auch unausgesprochen so erkannt wird.

2. Metakommunikatives Axiom: „Jede Kommunikation hat einen Inhalts- und einen Beziehungsaspekt, derart, dass letzterer den ersteren bestimmt und daher eine Metakommunikation ist.“

Was ist damit gemeint?

- Jede Mitteilung hat neben dem Inhaltsaspekt auch einen Beziehungsaspekt.
- Die sendende Person definiert implizit die Beziehung zur empfangenden Person.
- Die Beziehungsbotschaft überwiegt den Inhaltsaspekt an Bedeutsamkeitsgebung.

Beispiel:

- Person A fragt Person B, ob die Perlenkette echt ist.
- Auf der Inhaltsebene wird ein Echtheitsgrad von Schmuck erfragt. Die Art und Weise des Fragens (Mimik, Stimmlage, Kontext etc.) beeinflusst auf der Beziehungsebene verschiedene Deutungsmöglichkeiten (z. B. Neid, Freundlichkeit, Missgunst).

3. Metakommunikatives Axiom: „Die Natur einer Beziehung ist durch die Interpunktion der Kommunikationsabläufe seitens der Partner*innen bedingt.“

Was ist damit gemeint?

- Die Beteiligten an Kommunikationsverläufen geben der Kommunikation eine eigene Struktur.
- Aus subjektiver Perspektive werden Ursache und Wirkung interpretiert.
- Grundfrage ist häufig, auf welchen Reiz erst eine Reaktion erfolgte.

Beispiel:

- Vorwurfskreislauf: In einer Zweierbeziehung beschwert sich Partner*in A darüber, dass Partner*in B sich zurückzieht. B zieht sich zurück, da (in seiner*ihrer Welt) sich A ständig beschwert. A wiederum beschwert sich über das Zurückziehen von B ...

4. Metakommunikatives Axiom: „Kommunikation bedient sich digitaler und analoger Modalitäten.
Digitale Kommunikationen haben eine komplexe und vielseitige logische Syntax, aber eine auf dem Gebiet der Beziehungen unzulängliche Semantik. Analoge Kommunikationen dagegen besitzen dieses semantische Potenzial, ermangeln aber der für eindeutige Kommunikationen erforderlichen logischen Syntax.“

Was ist damit gemeint?

- Objekte können durch eine Zeichnung (analog) oder eine Namensgebung bezeichnet werden (digital).
- Der inhaltliche Aspekt einer Nachricht wird vorrangig digital (sprachlich, schriftlich) übermittelt.
- Der Beziehungsaspekt wird vorrangig analog (also via nicht sprachlicher Elemente) übermittelt.
- Es besteht in menschlicher Kommunikation die permanente Notwendigkeit, zwischen digital und analog zu übersetzen.

Beispiel:

- Lächeln kann Sympathie, aber auch Verachtung ausdrücken.
- Tränen können Schmerzen oder Freude ausdrücken.

- Geballte Faust kann als Form von Selbstbeherrschung oder Drohung gelten.
- Beim Öffnen der Kühlschranktür schmiegt sich eine Katze ans Bein.

5. Metakommunikatives Axiom: „Zwischenmenschliche Kommunikationsabläufe sind entweder symmetrisch oder komplementär, je nachdem, ob die Beziehung zwischen den Partner*innen auf Gleichheit oder Unterschiedlichkeit beruht."

Was ist damit gemeint?

- In symmetrischen Beziehungen streben Partner*innen nach Gleichheit und Verminderung von Unterschieden.
- Komplementäre Interaktionen basieren auf sich ergänzenden Unterschieden.
- In komplementären Interaktionen gibt es eine „superiore" und „inferiore" Position.

Beispiel:

- Komplementäre Interaktionen sind eingebettet in gesellschaftliche/kulturelle Kontexte und hierarchische Situationen, die sich gegenseitig bedingen, z. B. Eltern – Kind, Ärzt*in – Patient*in.
- Symmetrische Beziehungen beziehen sich auf spiegelnde Interaktionen, sie können sowohl Güte und Freundlichkeit als auch Härte und Aggression umfassen, z. B. Liebespaar, Sportler*innen.

Das MRI bot für Watzlawick einen Kreativitätsort, der es ihm erlaubte, Ideen in interdisziplinären Austauschprozessen zu entwickeln und sogleich auszuprobieren.

Theorie und Praxis, beides war stets verschränkt. So gründete er – ebenso 1967 – gemeinsam mit John Weakland, Arthur Bodin (1932–2021) und Richard Fisch (1926–2011) am MRI das „Brief Therapy Center" und leitete einen Paradigmenwechsel ein. Zu den neuartigen Besonderheiten der therapeutischen Arbeitsweise zählt der Einsatz eines Therapeut*innenteams hinter einer Einwegscheibe, die filmische Aufzeichnung der Therapieeinheit, die Fokussierung auf das Hier und Jetzt sowie die Begrenzung der Sitzungen auf maximal zehn fünfzigminütige Einheiten im Sinne einer Kurzzeittherapie (Köhler-Ludescher, 2014, S. 153ff.; Watzlawick, Weakland & Fisch, 2019; Paulick, 2020a).

Die Arbeitsweise kann durchaus als ein Affront gegen diagnosebasierte, vergangenheitsorientierte und auf mehrere Jahre ausgerichtete Therapieansätze bezeichnet werden, zugleich sind diese Neuerungen Inspiration für Mara Selvini Palazzoli und die Mailänder Schule oder auch Steve de Shazer und beeinflussen systemisches Arbeiten nachhaltig. Außerdem bieten sich durch diese Modifikationen und gewissermaßen auch durch die Aufweichung therapeutischer Starrheit Anschlussfähigkeiten für Formate systemischer Beratung. Watzlawicks Ausführungen zu Konstruktivismus und Wahrnehmungsphänomenen (2005a, 2005b, 2015, 2018) beeinflussen systemische Beratung bis in die Gegenwart hinein.

Virginia Satir

Als weitere zentrale Figur in Verbindung mit dem MRI darf Virginia Satir (1916–1988) gelten, die sich insbesondere mit den Zusammenhängen von *Selbstwert und Kommunikation* (2020) befasste. Satirs Name ist in der Geschichte der systemischen Beratung untrennbar mit der wachstumsorientierten Arbeit mit Familiensystemen verbunden. Als studierte Sozialarbeiterin mit lehranalytischen (Selbst-)Erfahrungen und beeinflusst vom humanistischen Ansatz entwickelte sie durch Impulse von Systemtheorien und Familientherapie ein – von ihr betont in Abgrenzung zu pathologischen Konzepten beschriebenes – Modell, das auf drei essenzielle Kernideen verdichtet werden kann (Walker, 2018, S. 158ff.; Gester & Satir, 2018).

1. Das Zentrum der Entwicklung eines menschlichen Individuums stellt dessen Selbstwert dar.
2. Jeder Mensch hat die Möglichkeit zur Entwicklung, ungeachtet dessen, an welcher Stelle er steht. Entwicklung findet immer statt, sodass es auch immer Hoffnung gibt.
3. Das Individuum ist immer von Systemen umgeben und Teil von Systemen. Da es kein Außerhalb von Systemen gibt, wird das Individuum von Systemen beeinflusst und beeinflusst zugleich Systeme im Sinne wechselhafter Einflüsse (Gester & Satir, 2018, S. 96f.).

Virginia Satirs Arbeitsweise bezog ausdrücklich das gesamte Familiensystem der Indexklient*innen ein, da nach ihren Beobachtungen die Familie als die „Fabrik" (Satir, 2020, S. 13) verstanden werden kann, in welcher die Person entsteht. Das ausdrückliche Einbeziehen von Kindern und der Anspruch, allen Systemmitgliedern auf Augenhöhe zu begegnen, stellen eine Besonderheit dar. Konkret lassen sich, so Satir, innerhalb von Familiensystemen vier für die Persönlichkeitsentwicklung entscheidende Schlüsselfaktoren ausmachen: *Selbstwert*, *Kommunikation*, *Regeln* und *Verbindung zur Gesellschaft* (siehe Tabelle 2).

Tabelle 2: *Charakteristika entwicklungshemmender und entwicklungsfördernder Familien nach Virginia Satir (Quelle: Eigene Darstellung in Anlehnung an Satir, 1972/2020, S. 13–17 und Wesenberg & Gahleitner, 2022, S. 175)*

Schlüsselfaktor	Entwicklungshemmende Familien	Entwicklungsfördernde Familien
Selbstwert	niedrig	hoch
Kommunikation	indirekt, vage, nicht wirklich ehrlich	direkt, klar, spezifisch und ehrlich
Regeln	starr, unmenschlich, dürfen nicht hinterfragt werden, gelten für die Ewigkeit	flexibel, menschlich, entsprechend den gegenwärtigen Bedürfnissen und Situationen, veränderbar
Verbindung zur Gesellschaft	im Grundton angstbesetzt, anklagend oder schuldzuweisend	offen, voll Hoffnung

Gemäß Satir verhalten sich Menschen entsprechend ihrem Selbstwert; insofern sind Selbstwertförderung und Förderung von Wachstum als beraterisch-therapeutische Handlungsleitlinien zu verstehen. Eine zentrale Referenz für Persönlichkeitsentwicklung und Selbstwertförderung stellen hierbei die fünf Freiheiten dar.

Die fünf Freiheiten

„*Die Freiheit zu sehen und zu hören, was im Moment wirklich da ist,* anstatt was sein sollte, gewesen ist oder erst sein wird.
Die Freiheit, das auszusprechen, was ich wirklich fühle und denke, und nicht das, was von mir erwartet wird.
Die Freiheit, zu meinen Gefühlen zu stehen, und nicht etwas anderes vorzutäuschen.
Die Freiheit, um das zu bitten, was ich brauche, anstatt immer erst auf Erlaubnis zu warten.
Die Freiheit, in eigener Verantwortung Risiken einzugehen, anstatt immer nur auf Nummer sicher zu gehen und nichts Neues zu wagen." (Satir, 2022, S. 27)

Für Satir ist destruktives Verhalten ein Ausdruck von niedrigem Selbstwert. Während bei Selbstwertbedrohung inkongruente Kommunikationsformen (beschwichtigen, anklagen, übermäßig rationales Verhalten, irrelevantes Verhalten) zu beobachten sind, trägt kongruente Kommunikation in Familiensystemen (und Organisationen) zum Wachstum der einzelnen Mitglieder bei (vgl. Satir, 2000a, S. 32ff., 2000b, S. 139ff.). Vorrangig für die beraterische Arbeit ist die Beziehung der beratenden Person zum Klient*innensystem, wohingegen konkrete Techniken für Virginia Satir von nachgeordneter Bedeutsamkeit für Hilfeformate sind (vgl. Satir, 2003, S. 181ff.). Besonders einflussreich für den systemischen Ansatz ist Satirs Methode der Skulpturarbeit, wonach ein Familienmitglied gebeten wird, die eigene Wahrnehmung von Familienbeziehungen in ein personales Bild als „eine Art Denkmal im Raum“ (Kleve, 2016, S. 234) zu überführen und auf diese Weise die konkreten Familienmitglieder raum-körperlich zu arrangieren.

Salvador Minuchin

Ein weiterer zentraler Akteur der Phase, die als Kybernetik erster Ordnung bezeichnet werden kann, ist Salvador Minuchin (1921–2017). Zwar befasste er sich ebenso wie Virginia Satir mit Familiensystemen, allerdings unterscheidet sich seine Arbeit als Vertreter der strukturellen Familientherapie teilweise deutlich, zumal er sich insbesondere den Hierarchien und Grenzziehungen von Subsystemen in familialen Kontexten zuwandte. Minuchins Konzept basiert auf normativen Ideen von Familie, denen gemäß der*die Therapeut*in „von Anfang an die Führung übernehmen“ (Minuchin & Fishman, 1983, S. 50) muss und direktiv agieren sollte. Ziel ist es, dabei angemessene Grenzen zwischen familialen Subsystemen (z. B. Großeltern, Eltern, Geschwister) zu forcieren. Dies geschieht über das Austarieren zwischen den Polen Loslösung/Isolation von Subsystemen (starre Grenzen) und Verstrickung von Subsystemen (diffuse Grenzen). Minuchins gezielt herausforderndes und teilweise provokantes Agieren strebt die Herstellung von Klarheit der (intergenerationalen) Grenzen innerhalb der Familie an

(Haselmann, 2008, S. 212ff.; Kriz, 2014, S. 267f.; von Schlippe & Schweitzer, 2016, S. 45ff.; Stierlin, 2001, S. 122–143).

Das Mailänder Modell

Nicht zuletzt markiert das sogenannte Mailänder Modell einen zentralen Bestandteil systemischen Arbeitens. Dieses bezeichnet das systemische Arbeiten der Gruppe um Mara Selvini Palazzoli (1916–1999), Giuliana Prata (1935–2022), Luigi Boscolo (1932–2015) und Gianfranco Cecchin (1932–2004) in den 1970er-Jahren. Die – von Bateson und Watzlawick inspirierten – Ideen der Mailänder Gruppe waren insbesondere für die Entwicklungen systemischer Ansätze in Europa von großer Bedeutsamkeit. Ihr Arbeiten mit Familiensystemen und vornehmlich anorektischen oder schizophrenen Symptomträger*innen schildert das Quartett in der 1975 erschienenen Publikation *Paradoxon und Gegenparadoxon* (1977 auf Deutsch). Die dabei entwickelte sogenannte lange Kurztherapie ist auf zehn Sitzungen ausgerichtet, zwischen denen jedoch mindestens ein Monat liegt. Charakteristisch für den Sitzungsablauf ist das Durchführen eines systemischen Gesprächs von zwei Therapeut*innen mit dem Familiensystem, während zwei weitere Therapeut*innen das Geschehen durch einen Einwegspiegel beobachten. Zwischen den vier Therapeut*innen bestehen während des Gesprächs (meist telefonische) Kontaktmöglichkeiten. Nach dem (vorrangig der Informationsgewinnung dienenden) Interview besprechen die vier Therapeut*innen hinter dem Einwegspiegel gemeinsam Hypothesen und die Abschlussintervention, die dann durch die beiden gesprächsführenden Therapeut*innen dem Familiensystem als Verschreibung im Sinne eines verordneten Therapeutikums kommuniziert wird. Das Setting eines Zweikammermodells wird dabei stets aufrechterhalten (Hoffman, 2000, S. 273ff.; Kriz, 2014, S. 272ff.; von Schlippe & Schweitzer, 2016, S. 49ff.; Stierlin, 2001, S. 11–38).

Für den Ansatz der Mailänder Schule sind drei Konzepte von besonderer Relevanz:

1. *Hypothetisieren* wird nicht nur als Informationssammlung, sondern zugleich auch als therapeutische Handlung verstanden, die Modifikationen im System mit sich bringt. Demgemäß ist es bedeutsam, bei der Hypothesenbildung die „Funktion der Beziehungsverhältnisse in ihrer Gesamtheit" (Selvini Palazzoli, Boscolo, Cecchin & Prata, 1981, S. 280) zu fokussieren und einen Nützlichkeitsanspruch zu verfolgen.
2. *Zirkularität* impliziert das Erfragen von Beziehungen, Unterschieden (etwa im Verhalten) oder hypothetischer Konstellationen. Die Idee von Zirkularität impliziert, rekurrierend auf Gregory Bateson, zwei Überzeugungen. Einerseits die Prämisse, dass Informationen eine Unterscheidung vornehmen, andererseits, dass ein Unterschied ein Verhältnis (oder Verhältnisveränderungen) abbildet. Vor dem Hintergrund des ersten Kommunikationsaxioms (siehe oben und Tabelle 1) bedeutet Zirkularität in der konkreten Arbeit mit Familiensystemen die an eine Person gerichtete Aufforderung, eine dyadische Beziehung von Anwesenden zu beschreiben. Dergestalt wird ein triadischer Modus von Anwesenden in das Beobachtungsfeld gerückt, wobei sich der Interessensfokus auf mindestens fünf Ebenen beziehen kann:

a) Anstatt nach Interpretationen oder Gefühlen wird nach spezifischem Verhalten unter spezifischen Umständen gefragt.
Beispiel: „Wenn A wütend wird und B anschreit, wie reagiert dann C?“
b) Anstatt für eine Person „typische“ Eigenschaften zu zementieren, werden Verhaltensunterschiede betrachtet.
Beispiel: „Bei wem mischt sich A mehr in Konflikte ein, bei B oder C? Wann ist das anders?“
c) Einstufen einer spezifischen Interaktion oder eines spezifischen Verhaltens durch verschiedene Familienmitglieder. Die Aufforderung der Klassifikation wird an mehr als ein Mitglied gerichtet.
Beispiel: „Wenn A weint, wer könnte A am ehesten trösten, wer als Zweites ...?“
d) Diachrone Untersuchung: Fokussieren von Beziehungsverhältnisses vor und nach einem bestimmten Ereignis.
Beispiel: „Wie hat sich die Beziehung der Eltern verändert, nachdem die Tochter in die Klinik gekommen ist?“
e) Betrachtung von Unterschieden vor dem Hintergrund hypothetischer Situationen. (Wichtig hierbei ist es, die Frage an alle Anwesenden nacheinander zu richten.)
Beispiel: „Angenommen A würde ausziehen. Wie würden B und C reagieren?“

3. *Neutralität* definiert sich insbesondere über ihre Wirkungen gegenüber den Mitgliedern des Familiensystems im Sinne der Bündnisvermeidung bzw. der Abwesenheit

von Verstrickungen. Neutralität bezieht sich nicht auf die innerpsychische Verfassung der beratenden Person, sondern auf die „spezifische pragmatische Wirkung" (ebd., S. 289) während der gesamten Beratungssitzung, die bei den Beteiligten als Gesamthaltung hinterlassen wird. Als Ideal geht der*die Berater*in während der Gesprächsführung mit dem*der jeweiligen Gesprächspartner*in ein sukzessives Bündnis ein, tut dies zugleich reihum, sodass er*sie gleichzeitig mit jedem und keinem Familienmitglied verbündet ist (Selvini Palazzoli et al., 1981; Hoffman, 2000, S. 280ff.; Kriz, 2014, S. 274).

Insbesondere Mara Selvini Palazzoli betont die Bedeutsamkeit der Abgrenzung gegenüber psychoanalytischen Herangehensweisen und die Distanzierung von linearen zugunsten von zirkulären Modellen als elementar für ihren Ansatz (Deissler & Selvini Palazzoli, 2018, S. 33ff.).

Resümee

Die Phase der Kybernetik erster Ordnung ist eine durchaus aufregende Zeit, in der Arbeitsmodelle und Ideen weiterentwickelt, Beratungsformate, Methoden und Herangehensweisen experimentell erprobt, verfeinert, verworfen, aber auch standardisiert weitergegeben werden. Systemisches Denken und Handeln entwickeln sich zunächst dezentral, die Akteur*innen beginnen aber dann, sich zu vernetzen, finden Gemeinsamkeiten, schaffen Synergien und lassen Neues entstehen (so ist Milton Erickson [1901–1980] eine wichtige Referenz für die erste Generation der Palo-Alto-Gruppe, ist Paul Watzlawick kurzzeitig Supervisor der

Mailänder Gruppe und ist die Mailänder Gruppe regelmäßig bei der Heidelberger Gruppe, die an späterer Stelle noch näher beschrieben wird, zu Gast). Gleichzeitig sind sie kein homogener Block, vielmehr führen der intensive Austausch und Versuche von Standardisierungen auch zu Konkurrenzsituationen und klaren Abgrenzungen untereinander (etwa Virginia Satir oder Mara Selvini Palazzoli gegenüber Salvador Minuchin) (Deissler & Selvini Palazzoli, 2018, S. 36f.). Als durchaus anspruchsvoll können die Beratungsthemen und Anlässe in dieser Phase verstanden werden. Systemische Beratung und Therapie sehen sich häufig mit Klient*innensystemen konfrontiert, bei denen Gewalt (häusliche, sexualisierte), Substanzmittelkonsum, als Delinquenz gerahmtes Verhalten oder sogenannte „Schizophrenie", „Anorexie" oder „Bulimie" eine Bewältigungsaufgabe darstellen.

Der fruchtbare Kontingenzcharakter dieser austauschintensiven Zeit lässt sich exemplarisch anhand des Adjektivs *„systemisch"* in der Selbstbenennung der Heidelberger Gruppe in Zusammenhang mit den Arbeitsweisen der Mailänder Gruppe und Paul Watzlawicks veranschaulichen. Fritz B. Simon datiert die Geburt[4] des auch so benannten systemischen Arbeitens auf 1977 und schildert diese Anekdote folgendermaßen:

---

4 Es ist vermutlich der Pluralität des systemischen Ansatzes geschuldet, dass die Verständigung auf eindeutige Geburtsdaten eher selten vorkommt. Beispielsweise datiert Kurt Ludewig das Geburtsjahr der „eigentlichen systemische Therapie" (Ludewig, 2021, S. 7) auf 1981 und begründet dies mit den zu dieser Zeit beginnenden konzeptionellen Zusammenführungen und Formulierungen kohärenter Theorien (vgl. ebd., S. 7f.).

> Paul Watzlawick und die Italiener nannten das systemisch – das ist ja kein Wort, das zuvor im Bereich der Psychotherapie verwendet wurde. Bis dahin stand mehr – z. B. in Bezug auf die Ansätze von Paul Watzlawick und der Palo-Alto-Gruppe – die Kommunikationstheorie im Fokus. Aber daraus lässt sich schlecht ein Adjektiv ableiten, um eine Therapiemethode zu benennen. Und dann kamen eben die Italiener mit ihrem Italianglisch und nannten ihre Arbeit »systemic«; und wir und andere, bei denen sie im deutschsprachigen Raum Workshops gaben, nannten uns ab da »systemische Therapeuten«. (Simon in Kollar, 2023, S. 36)

2.4 Die Kybernetik zweiter Ordnung

Leitidee IV: Der*die Beobachter*in entdeckt die Beobachtung. Systemische Beratung wird demokratischer, machtsensibler und ressourcenorientierter.

Im Zusammenwirken von systemtheoretischen Ideen, von sozialem sowie radikalem Konstruktivismus, aber auch durch die befruchtenden Kooperationen und Abgrenzungen (die auch durch Kritik an den teilweise direktiven Interventionen vorangetrieben werden) der oben beschriebenen Beratungs- und Therapieformen gewinnt in den späten 1970er-Jahren die Idee der *Kybernetik zweiter Ordnung* (auch Kybernetik der Kybernetik) an Einfluss. Der systemische Ansatz erfährt enorme Weiterentwicklungen und Ausdifferenzierungen, die sich sowohl in Theorie als auch Praxis niederschlagen. Gleichzeitig münden Bestrebungen von Vernetzung und Sicherung dessen, was als systemische Beratung und Therapie gelten kann, zu Gründungen von Institutionen, Organisationen, Verbänden und Standardisierungsversuchen. Exemplarisch sei verwiesen auf die 1978 gegründete Deutsche Arbeitsgemeinschaft für Familientherapie (DAF) und den 1987 gegründeten Dachverband für Familientherapie und Systemisches Arbeiten (DFS), aus denen 2000 die Deutsche Gesellschaft für Systemische Therapie, Beratung und Familientherapie (DGSF) hervorging. 1993 erfolgte über einen anderen Entwicklungsstrang der Zusammenschluss von acht systemischen Weiterbildungsinstituten zur Systemischen Gesellschaft (SG) (vgl. Schweitzer, Rotthaus & Hermans, 2020, S. 23ff.; Levold & Osthoff, 2016, S. 510ff.).

Heinz von Foerster – Triviale und nicht triviale Maschinen

In der Geschichte der Kybernetik zweiter Ordnung sind zwei Ideenimpulse von markanter Bedeutsamkeit: einerseits Heinz von Foerster (1911–2002) und die Idee der Differenzierung von trivialen und nicht trivialen Maschinen, andererseits die von Humberto Maturana (1928–2021) und Francisco Varela (1946–2001) formulierten Ausführungen zu den biologischen Wurzeln menschlichen Erkennens und Möglichkeiten der Weltwahrnehmung. Beiden Konzepten gemeinsam ist das Hinterfragen der Möglichkeiten, objektive Realität wahrzunehmen, die Skepsis gegenüber einer beobachter*innenunabhängigen Wirklichkeit sowie die Abkehr davon, menschliches Verhalten in Kausalitätsprinzipien zu denken.

Der Physiker Heinz von Foerster bediente sich in seinen Theoretisierungen zur Kybernetik erster und zweiter Ordnung bei der Unterschiedsmarkierung zwischen trivialen und nicht trivialen Maschinen. Unter Maschine verstand er dabei „die Anordnung von Regeln und Gesetzen, durch die gewisse Tatbestände in andere transformiert werden" (von Foerster, 1993, S. 135). Eine triviale Maschine charakterisiert sich hierbei über eine „unbedingte und unveränderliche Relation zwischen Input und Output" (von Foerster & Pörksen, 2019, S. 55). Da ihre innere Struktur unveränderlich bleibt, erfolgt auf jeden Reiz bzw. auf jede Ursache entsprechend der vorgegebenen Operationsregel die gleiche, vorhersehbare Reaktion bzw. der fehlerfreie Output. Eine triviale Maschine repräsentiert die Ablauflogik einer Kausalitätsidee. Nicht triviale Maschinen hingegen verfügen über einen inneren Zustand, demgemäß sie ihre innere Struktur und die Transformationsregeln (beeinflusst von ihrer Geschichte und ihrer Vergangenheit) immer wieder ändern. Vor dem Hintergrund der Geschichte der Transformationsregeln und dem nicht einsehbaren inneren Zustand erfolgt auf jeden Reiz eben nicht eine vorhersehbare Reaktion, womit nicht triviale Maschinen analytisch unbestimmbar bleiben (vgl. von Foerster, 1993, S. 134ff.; von Foerster & Pörksen, 2019, S. 54ff.) (siehe Tabelle 3). Anstatt des Begriffs Maschine kann durchaus auch der Terminus System verwendet werden. Da weder der Mensch noch soziale Systeme als triviale Systeme zu verstehen sind, gewinnt das Verstehen von inneren Zuständen bei gleichzeitigem Wissen um die Eigensinnigkeit nicht trivialer Systeme für beraterisches Handeln an Bedeutung (vgl. Simon, 1993, S. 47f.).

Tabelle 3: *Charakteristika trivialer und nicht trivialer Maschinen (nach Heinz von Foerster; Quelle: Eigene Darstellung in Anlehnung an von Foerster, 1993, S. 134ff. und von Foerster & Pörksen, 2019, S. 54ff.)*

triviale Maschine	nicht triviale Maschine
synthetisch determiniert	synthetisch determiniert
analytisch bestimmbar	analytisch unbestimmbar
voraussagbar	nicht voraussagbar
vergangenheitsunabhängig	vergangenheitsabhängig
unbedingte und unveränderliche Reaktion zwischen Input und Output	innerer Zustand (innere Transformationsregeln variieren und hängen von Vergangenheit ab), Outputs sind nicht vorhersehbar und nicht konstant
Beispiel: 2 x 2 = 4	Beispiel: 2 x 2 = grün

Hinsichtlich der Positionierung der beobachtenden Person schlug Heinz von Foerster als Differenzierungsebene vor, „Kybernetik von beobachteten Systemen als Kybernetik erster Ordnung zu betrachten; die Kybernetik zweiter Ordnung ist dagegen die Kybernetik von beobachtenden Systemen“ (von Foerster, 1993, S. 89).

Humberto Maturana, Francisco Varela und die Biologie des Erkennens

Stand in der Kybernetik erster Ordnung noch die Idee der Homöostase (Gleichgewichtszustand) im Interessensfokus, avanciert in der Phase der Kybernetik zweiter Ordnung die Idee der *Autopoiese* (Selbsterzeugung, Selbsterschaffung) zu einer zentralen Theoriereferenz (vgl. Baecker, 2022a, S. 63; Maturana & Varela, 2018, S. 50f.; Maturana & Pörksen, 2018, S. 101f.). Aus einer neurobiologischen Perspektive beschäftigten sich Maturana und Varela mit *Ursprüngen der Biologie des Erkennens* und Fragen von Wahrnehmungsphänomenen. Eine zentrale Idee besteht in der Entdeckung der beobachtenden Person, wonach Wirklichkeitsbeschreibungen (eben auch in Beratungs- und Therapieformaten) nicht als objektive und linear zu gestaltende Prozesse aufgefasst werden, sondern dem*der Beobachter*in eine Mitverantwortung für die Wirklichkeitserzeugung zugeschrieben wird.

> Alles, was gesagt wird, wird von einem Beobachter gesagt. Der Beobachter spricht durch seine Äußerungen zu einem anderen Beobachter, der er selbst sein könnte; alles, was den einen Beobachter kennzeichnet, kennzeichnet auch den anderen. Der Beobachter ist ein menschliches Wesen, d. h. ein lebendes System, und alles, was lebende Systeme kennzeichnet, kennzeichnet auch ihn. (Maturana, 1982/1970, S. 34)

Das Erkennen von Wirklichkeit und dessen Beschreibung können somit als jeweilige Konstruktionsleistungen eines Subjekts verstanden werden, also nicht als Abbildung einer objektiven Realität, zumal das beobachtende Subjekt Teil der beschriebenen Welt ist. „Aussagen über das Objekt sind deshalb stets Aussagen über den Beobachter, seine Strukturen und Verhaltensweisen" (Simon, 2012, S. 34). Oder wie es Maturana und Varela formulieren: „Jedes Tun ist Erkennen und jedes Erkennen ist Tun. Alles Gesagte ist von jemandem gesagt" (Maturana & Varela, 2018, S. 32). Anstatt der Idee einer unabhängigen Außenpositionierung der Berater*innen, wie in der Kybernetik erster Ordnung, erweitert sich der Aufmerksamkeitsfokus in systemischen Ansätzen seit den 1980er-Jahren auf die Wirkungen der Berater*innen bzw. Therapeut*innen. Die Beobachtung der beobachtenden Person und die Idee der Selbstreferenz gehen mit einer Sensibilisierung für narrative Konzepte sowie einer Intensivierung der Gestaltung von Beratung/Therapie als Kooperationsgeschehen einher (von Schlippe & Schweitzer, 2016, S. 53ff.; Simon, 2017, S. 40ff.).

Narrativer Ansatz

Hieran schließt sich die Idee des *narrativen Ansatzes* an, als deren zentraler Akteur der Australier Michael White (1948–2008) gilt. White befasste sich – u. a. auf Ideen Michel Foucaults und des Konstruktivismus rekurrierend – mit Zusammenhängen von (Selbst-)Erzählungen und Selbstkonzepten sowie dem Organisieren des Lebens in Geschichten. Indem White Foucaults Analytik moderner Machtmechanismen und Fragen der Identitätsbildungen von Subjekten zugrunde legt und auf konkrete Hilfeprozesse (sei es beraterisch oder therapeutisch) überträgt, wird eine Art Eintritt in Machtspiele ermöglicht, wobei Macht ausdrücklich als etwas Produktives und Schöpferisches verstanden wird. White fordert – von einem Nichtentsprechen der durch die normalisierende Macht gesetzten Anforderungen ausgehend – für den beraterisch-therapeutischen Kontext dafür zu sorgen, dass Klient*innen „Erfahrungen persönlichen Versagens in den Kontext dieser ‚normierenden Sanktion' stellen können und Unterstützung finden, die Arbeitsweisen moderner Macht zu unterminieren" (White, 2021, S. 245; vgl. White, 1992). „Auf diese Weise erleben wir in der Therapie den, wie Foucault es nannte, ‚Aufstand unterdrückten Wissens'" (White & Epston, 2020, S. 49). Demgemäß wird der produktive Charakter der Machtprozeduren im beraterisch-therapeutischen Setting als Gegenstrategie einer formierten negativen Selbstkonzeption aufgegriffen und angestrebt, ihn in eine für das Individuum als positiv erlebte Identitätskonzeption umzuarbeiten. Narrative Identität als Hinterfragen vermeintlicher Wahrheiten und Realitäten und deren machtvoller, normierender Identitätszuweisungen ermöglicht im Beratungskontext, in Identitätsspiele einzutreten und Zuweisungen via Externalisierungstechniken infrage zu stellen (Paulick, 2018a, S. 259). Zusammen mit dem Neuseeländer David Epston (*1944) entwickelte White einen Ansatz, der die Möglichkeiten der Einflussnahme auf Selbsterzählungen und Wirklichkeitserleben in familientherapeutischen Kontexten fokussierte und 1989 in *Narrative Means to Therapeutic Ends* (dt. *Die Zähmung der Monster*; White & Epston, 2020) publiziert wurde (von Schlippe & Schweitzer, 2016, S. 59ff.; Paulick, 2020a).

Systemtheorie(n) und doppelte Kontingenz

Eine weitere Diskursspur, welche die Idee von Nichtsteuerbarkeit und Nichtlinearität von Verhalten stützt, führt in die Systemtheorie(n) Talcott Parsons (1902–1979) und Niklas Luhmanns (1927–1998). Auch wenn Systemtheorie häufig im Singular verwendet wird, sei betont, dass es im systemischen Ansatz bis heute keine einheitliche Metatheorie bzw. Systemtheorie gibt, sondern die jeweiligen terminologischen und theoretischen Konstrukte der Denker*innen den Bezugsrahmen bilden und unterschiedliche Anerkennung in systemischen Feldern finden. Insbesondere der systemtheoretische Anspruch, Gesellschaft umfassend theoretisieren zu können, ist mit Abstraktionsgraden verbunden, die für Rezipient*innen zeitintensive Auseinandersetzungen mit den Theorien erfordern. Gleichzeitig haben sich einzelne Ideen und Begriffe als anschlussfähig und fruchtbar für die systemische Praxis erwiesen, allen voran der Begriff der (doppelten) Kontingenz.

> Kontingent ist etwas, was weder notwendig ist noch unmöglich ist; was also so, wie es ist (war, sein wird), sein kann, aber auch anders möglich ist. Der Begriff bezeichnet mithin Gegebenes (Erfahrenes, Erwartetes, Gedachtes, Phantasiertes) im Hinblick auf mögliches Anderssein; er bezeichnet Gegenstände im Horizont möglicher Abwandlungen. (Luhmann, 1984, S. 152)

Systemtheoretisch lässt sich der Aspekt, dass etwas auch ganz anders sein könnte, begrifflich mit Kontingenz benennen. Kontingenz ist nicht gleichzusetzen mit Zufall, sondern definiert die Möglichkeitsräume und Freiheitsgrade zwischen dem „Ausschluss von Notwendigkeit und Unmöglichkeit" (Luhmann, 2009, S. 200). Ein Individuum kann sich jederzeit unvorhersehbar, überraschend und eigensinnig verhalten oder kommunizieren. Die wechselseitige Unbestimmbarkeit und Unvorhersehbarkeit von zwei Individuen in ihren Systembeziehungen wird mit *doppelter Kontingenz* bezeichnet. Treten zwei Individuen in Interaktion, kann der jeweils eigene Verhaltensbereich als Spielraum erlebt werden, das Bewusstsein über die Kontingenz des anderen Individuums hingegen ist mit Erwartungsunsicherheiten verbunden. Im Aufeinandertreffen von jeweils zwei Positionen der Erwartungsunsicherheiten eröffnen sich weitere Komplexitäten (vgl. Lambers, 2022, S. 259ff.; Luhmann, 1984, S. 148ff., 2017, S. 303ff.; Simon et al., 2004, S. 191f.).

Helm Stierlin und die Heidelberger Gruppe

Die Entwicklung und Etablierung der systemischen Therapie sowie Beratung in Deutschland ist untrennbar mit Helm Stierlin (1926–2021) verbunden, der 1974 an der Universität Heidelberg den Lehrstuhl für Psychoanalytische Grundlagenforschung und Familientherapie übernahm. Stierlin beschäftigte sich unter anderem mit Fragen von *generationsübergreifenden Familiendynamiken* und prägte hierbei den Begriff der Delegation (Stierlin, 1974). Unter Delegation (lat. *delegare*: hinaussenden, mit einem Auftrag betrauen) versteht er ein allgemeines Phänomen, das innerhalb von Familien wichtige Funktionen von Kontinuität und Traditionen erfüllt, zu deren Erfüllung immer wieder neue Familienmitglieder bestimmt werden (Wirsching &

Stierlin, 1982, S. 115). Typischerweise beweisen Jugendliche auf der Beziehungsebene ihre Loyalität durch Auftragserfüllung, gleichzeitig können Aufträge auf der Inhaltsebene (in Anlehnung an psychoanalytische Ideen) „vorwiegend im Dienste des Es, Ich oder Überich des oder der Delegierenden (typischerweise Eltern) stehen" (Simon et al., 2004, S. 62). Beispielsweise kann das Ausleben von lustbetontem Verhalten (etwa Drogen, Sexualität) des*der Jugendlichen auf der Es-Ebene als Form von Stellvertretung dessen interpretiert werden, was sich Eltern selbst in ihrer Jugend untersagten bzw. ihnen untersagt wurde. Delegationen auf der Ich-Ebene umfassen konkretes Unterstützungshandeln des*der Jugendlichen bei der praktischen Lebensführung der Eltern. „Steht ein Delegierter im Dienste des elterlichen Ich-Ideals, dann muß er sich etwa zu dem herausragenden Sportler, Wissenschaftler, Künstler usw. entwickeln, zu dem sich der Elternteil nicht zu entwickeln vermochte" (ebd.). Obwohl Delegationsprozesse nicht als pathologisch kategorisiert werden, zumal sie für Heranwachsende wichtige Aushandlungen von Selbstwert, Sinn und (Lebens-)Zielen ermöglichen, können Delegationskonflikte mit einem Überforderungserleben des*der Delegierten einhergehen. Hierbei lassen sich drei zentrale Konflikte differenzieren:

a) Konflikte zwischen unvereinbaren Aufträgen: Der*die Jugendliche soll anschmiegsames Kind und gleichzeitig durchsetzungsstarker Star im beruflichen Feld sein.
b) Loyalitätskonflikte: Aufträge von verschiedenen Delegierenden stehen im Widerspruch zueinander und erfordern eine Positionierung des*der Delegierten mittels der Erwartung, einen der Auftraggebenden abzuwerten.

c) Der Auftrag steht im Widerspruch zu gesellschaftlichen Wertordnungen: Einerseits wird ein loyaler Verbleib in der Familie erwartet, andererseits verlangen Logiken der kapitalistischen Leistungsgesellschaft familiale Ablösung und Karriere (vgl. Stierlin, 1974; Wirsching & Stierlin, 1982, S. 117; Simon et al., 2004, S. 63).

Um Stierlin herum organisierte sich die sogenannte Heidelberger Gruppe (u. a. Fritz B. Simon, Gunther Schmidt, Gunthard Weber, Arnold Retzer, Michael Wirsching, Jochen Schweitzer), deren kreative Arbeiten systemisch-konstruktivistische und hypnosystemische Ansätze entfalteten (vgl. Ritscher, 2006; von Schlippe & Schweitzer, 2016, S. 35; Kollar, 2023). Heidelberg als Bedeutungsort für den systemischen Ansatz ist hierbei nicht auf ein festes Arbeits- oder Theoriemodell zu reduzieren, vielmehr lässt sich Heidelberg anhand der Anschlussfähigkeit für neue Ideen und der Offenheit für Kreatives als entwicklungsaffin beschreiben. Ausgehend von Stierlin Mitte der 1970er-Jahre und zunächst beheimatet in der Kybernetik erster Ordnung befruchten zahlreiche Austauschprozesse mit Akteur*innen der Mailänder Gruppe wie auch mit Böszörményi-Nagy, Satir, Erickson oder de Shazer die Entwicklung in die Kybernetik zweiter Ordnung hinein. Die Vielfältigkeit, die sich aus der Heidelberger Gruppe heraus bildete, findet sich nicht nur in den konkreten beraterischen und therapeutischen Praxen, tatsächlich trugen die Forschungen, Publikationen, Theoretisierungen, aber auch Angebotsstrukturen von Ausbildungen entscheidend zur Etablierung des systemischen Ansatzes in Deutschland bei.

Lösungsfokussierter Ansatz

Ein weiterer Zweig innerhalb systemischer Ansätze ist die lösungsfokussierte Kurztherapie (SFBT – Solution Focused Brief Therapy), welche unmittelbar mit den Namen Steve de Shazer (1940–2005) und Insoo Kim Berg (1934–2007) verbunden ist. Beeinflusst vom MRI (insbesondere von John Weakland) sowie dem hypnotherapeutischen Ansatz nach Milton Erickson kultivierten de Shazer und Berg den lösungsfokussierten Ansatz seit Mitte der 1970er-Jahre am Brief Family Therapy Center in Milwaukee. Charakteristisch für das Vorgehen in der SFBT ist eine radikale Ressourcenorientierung, einhergehend mit einer lösungsfokussierten Grundhaltung. Indem Problem und Lösung als nicht linear in Zusammenhang stehend gedacht werden, konzentriert sich der lösungsfokussierte Ansatz in seinen Aufmerksamkeitsausrichtungen explizit auf Lösungsversuche und -potenziale. Eine elementare beraterische Haltung stellt demgemäß die Vermittlung von Zuversicht dar, ohne das Problemerleben von Klient*innensystemen zu bagatellisieren. Eine der prominentesten Techniken der Lösungstrance im systemischen Arbeiten findet sich in der Wunderfrage (siehe Kapitel 4.6) als eine detailreiche ressourcenbasierte Lösungsvisualisierung. Neben der Wunderfrage hat sich im systemischen Feld die Idee einer Differenzierung des Klient*innenverhaltens in Besucher*in, Klagende*r und Kunde*in als bedeutungsvoll und insbesondere in Nichtfreiwilligkeitskontexten und der Arbeit mit Mehrpersonensystemen als anwendbar gezeigt. Diese Unterscheidungskategorien haben sich als nützlich für die Auftragsklärung(en) und Arbeitsbeziehung(en) in Beratungs- und Therapieprozessen erwiesen (Berg, 2015; von Schlippe & Schweitzer, 2016, S. 55ff.; de Shazer, 2022).

Der lösungsfokussierte Ansatz leitet sich nicht aus theoretischen Modellen ab, vielmehr verfolgten de Shazer und Berg einen pragmatischen Ansatz. Indem sie hunderte Therapiestunden beobachteten und jene Interventionen, Fragen, Verhaltensweisen und Emotionen destillierten, die mit Lösungsentwürfen und machbaren Umsetzungen in der konkreten Lebensführung der Klient*innen einhergingen, entwickelten sie aus diesen Beobachtungen ein handlungsorientiertes Konzept. Nicht hilfreiche Interventionen, Techniken und Vorgehensweisen wurden radikal aussortiert. Erst ab Mitte der 1980er-Jahre begannen de Shazer und Berg ihr aus der speziellen Praxis hervorgehendes Konzept in theoretische Kontexte zu überführen (unter Bezug auf Bateson, Wittgenstein, Foucault, Weakland, Watzlawick), womit der lösungsfokussierte Ansatz als induktives Verfahren verstanden werden kann (de Shazer, 2022, S. 20ff.; de Shazer & Dolan, 2020, S. 22; Hegemann, 2022, S. 299ff.).

Sie formulierten acht Lehrsätze des lösungsfokussierten Arbeitens (vgl. de Shazer & Dolan, 2020, S. 22–26; Hegemann, 2022, S. 300f.):

1. „Was nicht kaputt ist, muss man auch nicht reparieren.“
Übertragen auf Hilfeformate bedeutet dies, keine Beratung oder Therapie durchzuführen, wenn das Klient*innensystem keine Probleme hat oder diese bereits gelöst hat. Vor diesem Hintergrund sind eine solide Auftragsklärung sowie das Zurückstellen eigener Hypothesen oder Präventions- und Interventionsideen seitens der beratenden Person elementar.

2. *„Das, was funktioniert, sollte man häufiger tun."*
Beraterisches Handeln konzentriert sich auf Gelingensprozesse, ohne die Qualität dessen zu beurteilen, was vom Klient*innensystem als nützlich erlebt wird. Somit gilt es Klient*innen zu motivieren, das, was funktioniert, fortzuführen und dabei zu unterstützen, gewünschte Veränderungen zu festigen, Erfolge zu reproduzieren und so Lösungsentfaltung zu ermöglichen.

3. *„Wenn etwas nicht funktioniert, sollte man etwas anderes probieren."*
Sofern eine Lösungsidee nicht funktioniert oder auch vom Klient*innensystem gar nicht erst versucht wird, gilt es, diesen Versuch fallen zu lassen und etwas anderes zu versuchen. Ungeachtet einer vermeintlichen Attraktivität oder Nützlichkeit einer Lösungsidee ist etwas, das nicht funktioniert, keine Lösung.

4. *„Kleine Schritte können zu großen Veränderungen führen."*
Lösungsfokussiertes Arbeiten versteht sich dahingehend als „minimalistisches Vorgehen" (de Shazer & Dolan 2020, S. 24), als dass die Lösungskonstruktion häufig in kleinen Schritten stattfindet. Eine kleine Veränderung bringt weitere Veränderungen mit sich, was andere Veränderungen nach sich zieht. Im Zusammenspiel von konkretem Handeln, dessen Wahrnehmung und Zuversichtsvermittlung ist dem Erarbeiten eines ersten kleinen Schrittes besondere Relevanz beizumessen.

5.*„Die Lösung hängt nicht zwangsläufig mit dem Problem direkt zusammen."*
Im lösungsfokussierten Arbeiten wird wenig bis gar kein Augenmerk auf Dysfunktionalitäten, Pathologien oder das Wesen des Problems gerichtet. Stattdessen konzentriert sich die Aufmerksamkeit auf die Lösung bzw. Zielerreichung in der Zukunft oder auf Kontexte, in denen die Lösung oder Teile davon vorhanden waren. Somit handelt es sich – etwa im Vergleich zu psychoanalytischen Verfahren – um einen Paradigmenwechsel und eine Abkehr von vergangenheitsorientierter Problemanalyse zugunsten gegenwarts- und zukunftsorientierter Lösungsfokussierung.

6. *„Die Sprache der Lösungsentwicklung ist eine andere als die, die zur Problembeschreibung notwendig ist."*
Referenziell zu Ludwig Wittgenstein – „Die Welt des Glücklichen ist eine andere als die des Unglücklichen" (Wittgenstein, *Tractatus logico-philosophicus*, Satz 6.43) – werden Problem- und Lösungssprache auf unterschiedlichen Planeten gesprochen, was für lösungsfokussiertes Arbeiten diesbezüglich Sensibilität erfordert. Problemsprache kennzeichnet sich durch vergangenheitsorientierte und problemmanifestierende Rhetorik, während sich Lösungssprache als erwartungsvoll, optimistisch und zukunftsorientiert charakterisieren lässt.

7. *„Kein Problem besteht ohne Unterlass; es gibt immer Ausnahmen, die genutzt werden können."*
Basierend auf der Idee, dass kein Problem konstant und gleichförmig besteht, gilt es in lösungsfokussierten Beratungsformaten, den Vergänglichkeitscharakter des Problem-

erlebens sichtbar zu machen. Indem Ausnahmen – sei es ein geringeres Erleben von Intensitäten oder die Abwesenheit des Problems – in den Blick genommen werden, ermöglichen sich Anschlussmöglichkeiten, um Lösungen sichtbar zu machen. Die Inblicknahme von Ausnahmen kann als „wichtigste[] Interventionsart“ (ebd., S. 25; Auslassung: C. P.) der SFBT bezeichnet werden.

8. „Die Zukunft ist sowohl etwas Geschaffenes als auch etwas Verhandelbares.“
Bezugnehmend auf den sozialen Konstruktionismus (Gergen & Gergen, 2009) definiert lösungsfokussiertes Arbeiten ein Menschenbild, demgemäß weder psychologische Diagnosen noch Verhaltensweisen noch Schichtzugehörigkeit oder Lebensgeschichte einen (deterministischen) Zusammenhang mit sich bringen. Stattdessen wird Zukunft als selbstbestimmt und hoffnungsvoll verstanden (vgl. de Shazer & Dolan, 2020, S. 22–26; Hegemann, 2022, S. 300f.).

Das reflektierende Team

Als zentraler Vertreter der Kybernetik zweiter Ordnung gilt außerdem der Norweger Tom Andersen (1936–2007). Eine der entscheidenden Leistungen Andersens besteht darin, das Zweikammermodell der Mailänder Schule aufgelöst und die bis dahin hinter dem Einwegspiegel verborgenen Therapeut*innen als Reflektierendes Team (RT) in den Raum systemischen Arbeitens geholt zu haben.

Damit erfolgt das Infragestellen bis dato gängiger Machtpraktiken und deren von Asymmetrie gekennzeichneten Beobachtungsrichtungen und Sprachpraxen. Stand bisher ein Teil des Therapeut*innenteams hinter dem Einwegspiegel und war für das Klient*innenteam weder zu sehen noch hinsichtlich der Diskussion vor der Schlussintervention zu hören, sitzt das reflektierende Team (eine bis vier Personen) nunmehr im Außenkreis des gleichen Raumes und ist somit für Klient*innen durchgängig wahrnehmbar. Nachdem das Beratungsgespräch/Familieninterview mit dem Klient*innensystem geführt wurde, erhält das reflektierende Team die Möglichkeit, fünf bis zehn Minuten wertschätzende, neutrale sowie im Konjunktiv abgefasste Gedanken zu verbalisieren, ohne dabei Blickkontakt mit dem Klient*innensystem aufzunehmen oder sie direkt anzusprechen. Diese Form des Sprechens von Expert*innen in unmittelbarer Anwesenheit der Klient*innen verzichtet auf Instruktionen, vielmehr wird eine Vielfalt – „Multiversa statt Universum“ (Andersen, 2018, S. 41) – von Beobachtungen (z. B. zu Ressourcen, Lösungsversuchen, Perspektiven) geteilt und als Angebot in den Raum gegeben (Andersen, 2018, S. 76ff.). Die Lösungskompetenz wird dabei dem Klient*innensystem vertrauensvoll überlassen, was eine Haltungseinnahme des Nichtwissens für die Berater*innen erfordert. Das reflektierende Team hat einerseits Einfluss auf die Zirkularität des Beratungsgeschehens, andererseits kann es mit der Grundidee von „Kooperation statt Intervention“ (von Schlippe & Schweitzer, 2016, S. 63) als Demokratisierung von Beratung/Therapie verstanden werden (Andersen, 2018; Caby, 2016; Simon et al., 2004, S. 271f.; von Schlippe, 2022).

Resümee

Die Phase der Kybernetik zweiter Ordnung ist eine Zeit voller dynamischer Prozesse, eine Zeit der Entwicklung kreativer Hilfe- und Beratungsformate sowie der schöpferischen Weiterentwicklung und Verfeinerung von Methoden und Herangehensweisen. Systemisches Denken und Handeln wuchert und internationalisiert sich, auch durch die Vernetzungen interdisziplinärer Akteur*innen. Gleichzeitig entstehen an vielen Orten Gruppen, Institute, Schulen und erste Verbände, die sich um die standardisierte Weitergabe von (Handlungs-)Wissen bemühen. Beobachtbar sind Homogenisierungsprozesse und fruchtbare Kooperation, ebenso führen – wie auch in der Kybernetik erster Ordnung – klare Abgrenzungen untereinander zu einem insgesamt pluralen Feld der Systemik. Hierzu trägt auch der Einzug systemischer Ideen und Formate in niederschwelligere Ansätze und (Beratungs-)Formate bei. Mit der Erweiterung der Angebotsstrukturen, der zunehmenden Offenheit gegenüber Themen, sich differenzierenden Modellen von Finanzierbarkeit, aber auch der Demokratisierung systemischer Beratung geht eine zunehmende Anschlussfähigkeit für Fragen der Alltagsbewältigung einher. Systemische Beratung erreicht dementsprechend vielfältigere Klient*innensysteme und erweitert ihre Reichweite.

Während gemäß einer Phasierungslogik die Kybernetik erster Ordnung ihren sukzessiven Übergang Ende der 1970er- und zu Beginn der 1980er-Jahre fand, reicht die Kybernetik zweiter Ordnung bis in die Gegenwart hinein und kann hinsichtlich der Idee der selbsteinschließenden Reflexion der beratenden Person sowie der Orientierungen an konstruktivistischen und teilweise konstruktionistischen Theorien als aktuelle Hintergrundfolie systemischer Beratung(en) gelten. Die Würfel der Kybernetik der Kybernetik rollen noch.

Mit der Kybernetik zweiter Ordnung geht ein Paradigmenwechsel einher, der sich anhand mehrerer Aspekte beschreiben lässt. Die selbsteinschließende Reflexion der beobachtenden Person löst die Subjekt-Objekt-Trennung auf, mit weitreichenden Auswirkungen auf Beratungsprozesse. Während vormals die Idee bedient wurde, nach der Therapeut*innen Klient*innensysteme objektiv beobachten (Subjekt-Objekt-Wahrnehmung) und so linear-kausal schließend den Klient*innen Instruktionen geben können, weicht diese Idee zugunsten der Subjekt-Subjekt-Konstellation (nicht triviale Maschine; Autopoiese) und der „Entdeckung" der inneren Zustände autonomer Klient*innensysteme (vgl. Schmidt in Kollar, 2023, S. 68ff.). Einerseits liegt damit „die Verantwortung für jede Art der Veränderung beim Patienten- oder beim Kundensystem" (Schmidt in Kollar, 2023, S. 72), andererseits geht damit auch eine andere Art von Beteiligung an Machtspielen einher. Die Sensibilisierung gegenüber Machtmechanismen beschreibt Helm Stierlin (in einem 2005 geführten Interview) auch auf den Ebenen von Sprache und Aufmerksamkeitsfokussierung:

> Als wesentlichen Unterschied sehe ich heute eine sehr starke Sensibilisierung gegenüber allen in unserer gängigen Begriffswelt zur Wirkung gelangenden Pathologisierungen, welche auch in den frühen Ansätzen der Familientherapie zu entdecken sind, zum Beispiel wenn Horst-Eberhard Richter von „Patient Familie" sprach, oder Ted Lidz in seinen Forschungen hervorhob, was in den Familien der Schi-

> zophrenen falsch läuft. Wir sind da heutzutage vorsichtiger, viel ressourcenorientierter, viel mehr dazu geneigt, auch in dem, was auf den ersten Blick als Pathologie erscheint, noch einen Lösungsversuch zu sehen, der anzuerkennen ist. (Ritscher & Stierlin, 2018, S. 119)

Die Differenzierungsprozesse zwischen der Kybernetik erster Ordnung und der Kybernetik zweiter Ordnung lassen sich also zum einen über Erkenntnistheorien, Systemtheorien, Konstruktivismus und Konstruktionismus entlang von Begriffen wie Wahrnehmung, Autopoiese, (Selbst-)Beobachtungen, nicht triviale Maschine oder (Selbst-)Reflexion definieren.

Zum anderen kann aus einer foucaultschen Perspektive heraus Macht als eine markante Unterschiedsmarkierung zwischen den Kybernetiken verstanden werden. Wie Michel Foucault gezeigt hat, bewegen sich Subjektivierungspraktiken eingebettet in Wissens-Macht-Konstellationen, die Identität im Sinne eines Selbstkonzeptes via sozialen Markierungen sowie normalitätsbestrebten Denk- und Verhaltenswahrscheinlichkeiten beeinflussen (vgl. Paulick, 2018a).

Da in der Kybernetik erster Ordnung in Beratungs- und Therapieprozessen das Wissen primär den Expert*innen zugeschrieben wurde, diese sich teilweise uneinsehbar hinter dem Einwegspiegel befanden, sie diagnostisch-pathologisierend agierten und via formulierten Instruktionen auf das Klient*innensystem einzuwirken versuchten, lässt sich dies als eine Wissens-Macht-Konstellation beschreiben, die sich über Steuerbarkeit, nicht reziproke Sichtbarkeit, aber eben auch Fokussierung auf die Familie als Mehrpersonensystem charakterisieren lässt. Mit dem Hervortreten hinter dem Einwegspiegel in der Kybernetik zweiter Ordnung wird systemische Beratung nicht machtfrei, vielmehr ändern sich die Wissens-Macht-Konstellationen und die Subjektivierungspraktiken. Die reziproke Sichtbarkeit, die Vermeidung von Pathologisierungen sowie die Fokussierung auf Autopoiese statt Steuerbarkeit verändern zwar die Spielarten der Einflussnahmen auf Denk- und Verhaltenswahrscheinlichkeiten, ohne jedoch die an Klient*innensysteme gerichteten Normalisierungserwartungen aufzulösen. Systemische Beratung in der Kybernetik zweiter Ordnung wird demokratischer, zugleich verschleiern sich Machttechniken und delegieren implizit den Normalisierungsdruck an das Subjekt, das Identität zu „einer unausgesprochenen Scharnierstelle der Regierungstechnologien von Selbst- und Fremdführung" (Paulick, 2018a, S. 466) analog zur Biografie herauszubilden hat.

2.5 Aktuelle Entwicklungen – Feindifferenzierungen in der Kybernetik zweiter Ordnung

Leitidee V: Systemische Beratung wird emotionaler, körperlicher, digitaler und humorvoller.

Während in den 1980er- bis Mitte der 1990er-Jahre Schwerpunktsetzungen auf Narrationen und Geschichten als sinn- und wirklichkeitsgenerierende Konzepte fokussiert wurden, geraten Mitte der 1990er-Jahre Emotionen in den Aufmerksamkeitshorizont systemischen Arbeitens. Die Akzentuierungen des Emotionsverstehens tauchen insbesondere in Arbeiten zu Säuglingsforschung, Bindungstheorien, Traumaarbeit, neurobiologischer Forschung sowie in der Relevanzbetonung der beraterisch-therapeutischen Beziehungsgestaltung auf (Ludewig, 2021, S. 67ff.; von Schlippe & Schweitzer, 2016, S. 64ff.). Neben dem Bedeutungsgewinn von Emotionsarbeit findet auch der Körper zunehmend Beachtung in Kontexten systemischer Beratung(en). Die Idee von Embodiment als Verkörperung der Wechselwirkungen von Biografie, Psyche und Emotionen konzentriert sich hierbei nicht auf den Körper als Gedächtnis und Bühne von Symptomen, vielmehr wird der Körper als Ressource für die Lösungsfindung und Bewältigung in den Blick genommen. Gemäß der Prämisse „Reden reicht nicht" (Bohne, Ohler, Schmidt & Trenkle, 2019) findet sich eine Vielzahl von teilweise ergänzenden Beratungstechniken und teilweise körperspezifizierten systemischen Verfahren und Ansatzmöglichkeiten wie beispielsweise PEP – „Prozess- und Embodimentfokussierte Psychologie" (dazu Bohne, 2022), multisensorisch-hypnosystemisches Arbeiten (Schmidt, 2019) oder systemische Körperarbeit (vgl. dazu Wienands, 2023).

Ein weiterer Zweig innerhalb der zahlreichen Verästelungen systemischer Beratung(en) ist bezüglich des Einsatzes von Humor zu beobachten. Während Humor als konstruktiver Beziehungsparameter des Arbeitsbündnisses und Interventionstechnik zum Grundbesteck von systemisch Beratenden avanciert, verfolgt der „humorvoll-provokative Ansatz" dies als radikale Grundhaltung. Aufbauend auf der provokativen Therapie nach Frank Farrelly (1931–2013) und in Verschränkung mit dem systemischen Ansatz sowie dem Improvisationstheater entwickelten E. Noni Höfner und Charlotte Cordes einen Beratungsansatz, der – basierend auf Wertschätzung und tiefsten Zutrauen in Autonomie, Ressourcen und Bewältigungskompetenzen des Klient*innensystems – mit lebensweltkarikierenden Zuspitzungen arbeitet (vgl. Höfner, 2023; Höfner & Cordes, 2023).

Von großer Bedeutsamkeit sind zudem die Arbeiten Ben Furmans, der einerseits in seinem Werk *Es ist nie zu spät, eine glückliche Kindheit zu haben* (2019) herausforderndes biografisches Vergangenheitserleben hinsichtlich der Möglichkeiten von Kraftquellen befragt. Andererseits beschäftigt er sich feindifferenziert mit lösungsorientiertem Arbeiten mit Kindern (2021, 2023).

Bei der Betrachtung aktueller Ausdifferenzierungen systemischer Beratung(en) sind außerdem zunehmend digitale Formate beobachtbar. Vor dem Hintergrund rasanter gesellschaftlicher und technischer Entwicklungen erweitert sich das systemische Feld um eine Vielzahl von text-, sprach- und videobasierten Angeboten, die synchron, asynchron oder als Blended Counseling neue Arbeitsstrukturen ermöglichen (dazu Engelhardt, 2021; Hochbahn, 2022; Hörmann, 2020; Camenzind, Hörmann & Silfverberg, 2023).

So ist insgesamt, vor dem Hintergrund der variantenreichen Entwicklungspfade seit Mitte der 1990er-Jahre, eine enorme Differenzierung des systemischen Ansatzes zu konstatieren. Diese Differenzierungsprozesse sind mit zunehmenden Anerkennungslogiken und Einflussnahmen systemischen Denkens in Professionen und Disziplinen (etwa der Sozialen Arbeit, Psychologie, Medizin) verbunden, aber auch in dem Herausbilden neuer Felder (z. B. in Profitbereichen wie dem Coaching oder der Mediation) zu beobachten. Systemische Beratung als ein Bereich des systemischen Ansatzes befindet sich in Wechselwirkungen mit den theoretischen und handlungspraktischen Weiterentwicklungen, neuen Wissensformaten und Methoden anderer systemischer Hilfeformate, etwa der systemischen Therapie oder der systemischen Sozialen Arbeit (Paulick, 2020d). Innerhalb der hier angebotenen Schematisierung von Entwicklungslinien systemischer Beratung ist der Zeithorizont seit den 1990er-Jahren bis in die Gegenwart hinein der Kybernetik zweiter Ordnung zuzuordnen. Denn die selbsteinschließende Reflexion der beratenden Person sowie die Orientierungen an konstruktivistischen und teilweise konstruktionistischen Theorien bilden nach wie vor die Hintergrundfolien systemischer Beratung(en). Gleichzeitig sind in der Vielfältigkeit systemischer Beratung zahlreiche Ausdifferenzierungen zu beobachten, insbesondere da sie sich erlaubt, kreativer mit Formaten, Setting und Medien umzugehen. Mit den neuen Erkenntnissen aus Forschungsbereichen zu Neurobiologie, Trauma, Embodiment, Pädagogik und Sozialer Arbeit, aber auch mit gesellschaftlichen und technischen Entwicklungen gehen Feindifferenzierungsprozesse systemischer Beratung einher.

Exemplarisch und in einem sich stetig weiterentwickelnden Spektrum seien genannt:

- Aufstellungsarbeiten
- Aufsuchende Familientherapie
- Case-Management
- Elterncoaching
- Hypnosystemisches Arbeiten
- Lösungsorientiertes Arbeiten mit Kindern
- Ökosystemische Ansätze
- Provokative Systemarbeit
- Prozess- und Embodimentfokussierte Psychologie (PEP)

- Systemische Onlineberatung (synchron, asynchron, Blended Counseling)
- Systemische Supervision
- Systemische Traumaberatung
(Paulick, 2020a; Ludewig, 2021, S. 62; von Schlippe & Schweitzer, 2016, S. 34.)

Der inter- und transdisziplinäre Charakter des systemischen Ansatzes geht mit einem enormen Facettenreichtum an Organisationsformen, Standardisierungsversuchen und Ausgestaltungen einher. Die beiden mitgliedsstärksten Gesellschaften, die sich um eine Standardisierung von systemischer Beratung in der Bundesrepublik Deutschland bemühen – und hierbei den Richtlinien der Deutschen Gesellschaft für Beratung (DGfB, 2010) folgen –, sind derzeit:

- DGSF – Deutsche Gesellschaft für Systemische Therapie, Beratung und Familientherapie e. V.
- Systemische Gesellschaft (SG) – Deutscher Verband für systemische Forschung, Therapie, Supervision und Beratung e. V.

Gleichzeitig gibt es neben den beiden mitgliedsstärksten Vereinen auch kleinere Vereine und Verbände, welche – sich ebenfalls an den Richtlinien der Deutschen Gesellschaft für Beratung (DGfB, 2010) orientierend – zertifizierte Ausbildungen in systemischer Beratung anbieten wie die Deutsche Gesellschaft für systemische Pädagogik e. V. (2019).

Die Standardisierung in Verbänden ist ein Versuch der Sicherung von Ergebnissen, von Wissen und von Können, das den Entsprechungslogiken von Zertifikaten folgt.

Gleichzeitig gehen diese Zertifizierungsprozesse mit immensen Verwaltungsausgestaltungen auf organisationalen Ebenen einher, zumal das verbandliche Sicherungsbestreben nicht frei ist von ökonomischen sowie machtpolitischen Interessen und dementsprechend nicht frei bleibt von Kritik, Grundideen systemischer Ansätze zu konterkarieren (vgl. Schmidt, Weber & Simon in Kollar, 2023, S. 156ff.).

Resümee

Systemische Beratung findet sich heute – aufbauend auf einer facettenreichen Entwicklungsgeschichte (siehe Tabelle 4) – sowohl in ambulanten als auch stationären Kontexten, sie agiert mit fast jedem Lebensalter, ihre Angebotsstruktur reicht über nahezu sämtliche Freiwilligkeitsgrade, sie findet sich in zahlreichen Beratungsfeldern und scheint für jeden Lebensweltkontext anschlussfähig zu sein. Dies lässt sich einerseits im Sinne einer hohen Wirksamkeit, Nützlichkeit und Flexibilität systemischer Beratung interpretieren, andererseits birgt es die Gefahr einer Beliebigkeit, im Sinne einer „Alles-und-jedes-kann-systemische-Beratung-sein-Logik". Insbesondere – da weder „Beratung" noch „systemisch" noch „systemische Beratung" geschützte Begriffe sind – scheint es sinnvoll, den Kern dessen zu bestimmen, was systemische Beratung als Haltung(en) ausmacht.

Tabelle 4: *Entwicklungslinien systemischer Beratung in Phasen (Quelle: Eigene Darstellung nach Paulick, 2020b; von Schlippe & Schweitzer, 2016; Wesenberg & Gahleitner, 2022)*

Ende 19. bis beginnendes 20. Jh.:
„Entdeckung" von Lebens(welt)kontexten
(Diskursspuren in Sozialarbeit, Fürsorge, Wohlfahrtspflege, Sozialpädagogik, Individualpsychologie und Beratung)

Leitidee
Hilfeformate sind vielfältig und erlauben sich, mit Komm- und Gehstrukturen zu experimentieren. Das Individuum wird in Lebens(welt)kontexten betrachtet und sozialdiagnostisch zu verstehen versucht.

Charakteristikum der Phase
- Zusammendenken von Individuum, Familie und Gemeinwesen
- Befragen und Betrachten von Lebens(welt)kontexten
- Individuum wird auch im Kontext sozialer Beziehungen gedacht
- Aufsuchende Arbeit, Sozialarbeiter*innen gehen in Lebenswelten
- Gründung von Erziehungsberatungsstellen; Arbeit mit Eltern

Pionier*innen, Schulen und Verfahren
- Jane Adams: Interdisziplinarität, Hull House
- Alice Salomon: Soziale Diagnose
- Sigfried Bernfeld: Sozialer Ort
- August Aichhorn: Erziehungsberatung
- Alfred Adler: Erziehungsberatung

1950er-Jahre:
„Entdeckung“ der Familie
(Diskursspuren in frühe Modelle von Familientherapien)

Leitidee
Das Individuum wird nicht allein betrachtet. Hilfeformate beziehen explizit die Familie mit ein.

Charakteristikum der Phase
- Einbezug von Familien(systemen) in die Therapie
- Verlassen „klassischer“ einzel- und gruppentherapeutischer Formate (wie in Psychoanalyse und Verhaltenstherapie üblich) zugunsten des Einbezugs des sozialen Umfelds, primär der Familie

Pionier*innen, Schulen und Verfahren
- Lyman Wynne
- Theodore Lidz
- Don Jackson
- Nathan Ackerman
- Carl Whitaker
- Ivan Böszörményi-Nagy

1950er- bis Ende 1970er-Jahre:
Kybernetik erster Ordnung

Leitidee
Der*die Berater*in beobachtet (Familien-)Systeme von außen und meint, das Beobachtete objektiv beschreiben zu können. Somit scheinen (Familien-)Systeme durch gezielte Impulse direktiv steuerbar.

Charakteristikum der Phase

- Entwicklung von Ideen, wonach (Familien-)Systeme durch gezielte Impulse therapeutisch „steuerbar" bzw. beeinflussbar sind
- Interessenfokus auf der Idee der Homöostase (Gleichgewichtszustand): Verstehen von Familie „im Sinne einer kybernetischen Maschine als Regelkreis [...], in dem fortlaufend Ist-Werte aus dem System mit einem jeweiligen Soll-Wert abgeglichen werden und interne Zustandsregulierungen für die Wiederherstellung des benötigten oder gewünschten Gleichgewichtszustandes (Homöostase) sorgen" (Levold, 2016b, S. 54).

Pionier*innen, Schulen und Verfahren

- Mental Research Institute (MRI) in Palo Alto (Don D. Jackson, Gregory Bateson, John H. Weakland, Paul Watzlawick): u. a. Entwicklung von kommunikationstheoretischen Modellen (z. B. zur Erklärung von Schizophrenie, konstruktivistische Theoriebildung, Gründung des „Brief Therapy Center"
- Virginia Satir: Familientherapie, Entwicklung von Methoden, u. a. Skulpturarbeit
- Ivan Böszörményi-Nagy/Geraldine Spark: kontextuelle Therapie, Familienloyalitäten
- Salvador Minuchin: strukturelle Familientherapie
- Mailänder Gruppe (Mara Selvini Palazzoli, Giuliana Prata, Luigi Boscolo, Gianfranco Cecchin): Arbeiten mit Familiensystemen von Klient*innen mit Anorexie oder Schizophrenie, Entwicklung des spezifischen Therapiekonzepts der Mailänder Schule

Seit 1980er-Jahren:
Kybernetik zweiter Ordnung

Leitidee

Der*die Beobachter*in entdeckt die Beobachtung. Systemische Beratung wird demokratischer, machtsensibler und ressourcenorientierter.

Charakteristikum der Phase

- Entdeckung des*der Beobachters*in und Aufmerksamkeitsfokus auf die Wirkungen von Berater*innen/Therapeut*innen
- Wirklichkeiten (auch in Beratungs- und Therapieformaten) werden als Konstruktionen verstanden und dem*der Beobachter*in (also auch dem*der Berater*in/Therapeut*in) eine Mitverantwortung für die Wirklichkeitserzeugung zugeschrieben
- Interessenfokus auf der Idee der Autopoiese (Selbsterzeugung)

Pionier*innen, Schulen und Verfahren

- Michael White: narrativer Ansatz
- Heidelberger Gruppe um Helm Stierlin, Gunther Schmidt, Fritz Simon, Gunthard Weber: u. a. systemisch-konstruktivistische und hypnosystemische Ansätze
- Steve de Shazer, Insoo Kim Berg: lösungsorientierte Kurztherapie
- Tom Andersen: Reflecting Team

Aktuelle Entwicklungen:
Kybernetik zweiter Ordnung ab Mitte der 1990er-Jahre bis heute

Leitidee

Systemische Beratung wird emotionaler, körperlicher, digitaler und humorvoller.

Charakteristikum der Phase

- Hintergrundfolie ist weiterhin Kybernetik zweiter Ordnung; nunmehr zahlreiche Ausdifferenzierungen und Verfeinerungen
- Embodiment
- Erkenntnisse u. a. aus Neurobiologie sensibilisieren Beratungsformate für Emotionen, Trauma, Resilienz
- Ressourcenorientierung
- Lösungsorientiertes Arbeiten mit Kindern/Elterncoaching

Pionier*innen, Schulen und Verfahren

- Michael Bohne: PEP
- Gunther Schmidt: hypnosystemische Beratung
- Charlotte Cordes, Noni Höfner: humorvoll-provokative Beratung
- Emily Engelhardt: Onlineberatung
- Klaus Mücke
- Ben Furman
- Carmen Beilfuß

3 Systemische Haltung(en)

Das „Kofferwort“ Haltung (Molter & Wolter, 2020, S. 182) stellt in den vielfältigen Kontexten systemischen Denkens eine beliebte Begrifflichkeit dar. Trotz oder eben gerade durch diese Omnipräsenz in systemischen Ansätzen (sei es Beratung, Coaching, Therapie oder Supervision) ist der Terminus – wie auch „systemisch“ – nicht einheitlich und trennscharf definiert.

Nach Paulick und Wesenberg (2024) lässt sich „systemische Haltung im Sinne einer inneren Einstellung verstehen, die in Handeln überführt wird und maßgeblichen Einfluss auf die Beziehungsgestaltung mit Nutzer*innen systemischen Arbeitens hat“ (ebd., S. 40). Ein solches Verständnis von systemischer Haltung impliziert die Diversitäten von Beziehungen in professionellen Kontexten und lässt sich auf beraterisch-therapeutische Konstellationen übertragen.

Hinsichtlich systemischer Beratung lässt sich Haltung über sieben Aspekte präzisieren, die in unmittelbaren Wechselwirkungen und Zusammenhangsbildungen miteinander stehen und sich gegenseitig potenzieren. In den Konkretheiten systemischer Beratung und all der Vielfältigkeit unterschiedlicher Spannungsfelder sowie Intensitäten lassen sich Bruchkanten nicht immer trennscharf bestimmen, daher handelt es sich um Orientierungsvariablen. Systemische Haltung ist nichts Statisches, sondern muss immer wieder *in actu* hergestellt, ausbalanciert und reflektiert werden. Dementsprechend bedarf Haltung der aktiven

Einnahme einer inneren Einstellung, die in Handeln überführt wird, zumal sie sich permanent mit situativen Herausforderungskonstellationen und Balanceaufgaben innerhalb von (teilweise widersprüchlichen) Spannungsfeldern und Kontexten konfrontiert sieht. Systemische Berater*innen, die sich an professionellen Ansprüchen ausrichten, reflektieren ihre Haltung kontinuierlich in Formaten von Selbsterfahrung, Selbstreflexion, kollegialer Fallberatung und Supervision (Einzel, Team und Gruppe), denn referenziell zur Kybernetik zweiter Ordnung kann behauptet werden: „Wir sehen nicht, dass wir nicht sehen" (von Foerster, 1993, S. 86).

3.1 Autonomie

Autonomie bezieht sich auf die kontinuierliche Rückkopplung und den Einbezug der Klient*innen in systemisches Arbeiten. Ausgangspunkt hierfür ist die Idee einer grundlegenden Selbstbestimmung von Menschen. Dies impliziert die Expertise des eigenen Lebens, insbesondere des subjektiven Wirklichkeitserlebens und der eigensinnigen Lebensgestaltung vor dem Hintergrund permanenter Wahlmöglichkeiten. Für Kontexte systemischer Beratung bringt die Haltung von Autonomie Besonderheiten mit sich, die als entlastend, aber auch herausfordernd für die beratende Person empfunden werden können. Indem Autonomie als ein zentrales Strukturprinzip systemischer Beratung anerkannt wird, erfahren Klient*innen via Auftragsklärung und inhaltliche, methodische und prozessuale Wahlmöglichkeiten eine maßgebliche Mitgestaltung von Beratung. Anstatt also dem Abarbeiten von vorgegebenen oder vordefinierten

Modulen obliegt in Formaten systemischer Beratung den Berater*innen die Verantwortung für das Setting und das Herstellen von Rahmenbedingungen, die eine adäquate Begleitung ermöglichen. Mit der Prämisse von Autonomie geht der Verzicht auf instruktive Steuerungsideen, heteronome Lenkungsversuche oder definitorische Wahrheitsdeutungen von Klient*innen und deren Leben einher. Stattdessen wird – stets unter Berücksichtigung von institutionellen Kontrollaufträgen des Beratungskontextes, beispielsweise bei Kindeswohlgefährdung – vor dem Hintergrund der wertschätzenden Anerkennung der Expertise des eigenen Lebens die Mitwirkungsbereitschaft, Sinngebung und Lösungsverantwortung aufseiten der Klient*innen situiert. Insbesondere dieser Haltungsaspekt unterscheidet systemische Beratung von anderen Beratungsansätzen und erfordert in systemischen Ausbildungskontexten eine Auseinandersetzung mit Sich-selbst-Zurücknehmen, Aushalten-Können, aber auch das Anschauen von narzisstischen Kränkungspotenzialen der eigenen Rolle(n). Ebenso kann sich Kontingenzbewusstsein (siehe Kapitel 2) für systemische Berater*innen durchaus als Entlastungsidee anbieten.

Autonomie umfasst, als Form von Macht, auch Optionen widerständigen Verhaltens, z. B. in der Mitwirkungsverweigerung oder Ablehnung von Beratung und Therapie oder kollegialen Zusammenhängen (Paulick & Wesenberg, 2019). In Formaten systemischer Beratung werden letztlich Angebote unterbreitet, die sich jedoch stets in Kontingenz bewegen. Um mit Gregory Bateson zu sprechen: „Man kann das Pferd zum Wasser führen, aber man kann es nicht zum Trinken zwingen. Das Trinken ist seine Sache. Aber selbst, wenn Ihr Pferd durstig ist, kann es nicht trinken, solange Sie es nicht zum Wasser führen. Das Hinführen ist Ihre Sache“ (Bateson, 1982, S. 128). Autonomie in systemischer Beratung kann eben auch bedeuten, dass Klient*innensysteme gute Gründe haben, sich aktuell gegen ein Beratungsformat zu entscheiden. Auf institutionellen Auftragsebenen kann Autonomie (beispielsweise bei Fragen von Selbst- und Fremdgefährdung) Grenzen finden und mit Heteronomieaspekten dergestalt konfligieren, dass etwa bei Kindeswohlgefährdung Kontrollaspekte die beraterischen Rollen erweitern (Paulick & Wesenberg, 2019; Paulick, 2020a; von Schlippe & Schweitzer, 2016, S. 202f.)

3.2 Lösungsorientierung

„Lösungsorientierung impliziert sowohl das Beleuchten und Würdigen bisheriger Lösungsversuche, die Maxime von Perspektiverweiterungen, als auch die Fokussierung zukunftsorientierter Lösungsvarianten“ (Paulick & Wesenberg, 2024, S. 41). Lösungsorientierung als Element systemischer Haltung meint dabei nicht nur das methodische Navigationshandeln, sondern auch das Suggerieren einer Grundüberzeugung, dass Lösungen überhaupt möglich sind – gemäß der Leitidee: „Der Klient kennt die Lösung, er weiß es nur noch nicht“ (Palmowski, 2014, S. 22). Entsprechende Perspektiverweiterungen lassen sich beispielsweise über das Erfragen von Ressourcen, Kompetenzen, Fähigkeiten, Stärken, Ausnahmen (Situationen, in denen Problemerleben weniger intensiv oder abwesend war) oder der Wunderfrage realisieren. Klient*innen werden als hochkompetente Individuen betrachtet, womit ihnen – vor dem Hintergrund der Kybernetik zweiter Ordnung – die Lösungsverantwortung (via der Etappen von Lösungsideen, Lösungsentwürfen, handlungsbezogener Umsetzung) in ihrem eigenen Tempo zugestanden wird. Dies verlangt seitens der Berater*innen einen Verzicht, Lösungen vorzuschlagen, ihre Rolle trägt sich vielmehr über eine erfragende Begleitung. Beraterisches Handeln kennzeichnet sich primär über eine „Haltung anteilnehmender Neugier" (Hegemann, 2022, S. 301), das Sichtbarmachen von Ressourcen, sprachsensible Zukunftsorientierung und das kontinuierliche Vermitteln von Zuversicht. Systemische Interventionen lassen sich dabei auf den ethischen Imperativ verdichten: „Handle stets so, dass die Anzahl der Möglichkeiten wächst" (von Foerster, 2020, S. 49). Im Unterschied zu Lösungsfokussierung (die in der Problembetrachtung nahezu keinen Raum findet) ist eine lösungsorientierte Haltung weniger radikal und bezieht Problembeschreibungen im Sinne von Verstehensprozessen und Ressourcenarbeit intensiver mit ein, wodurch Beratungsprozesse andere zeitliche Intensitäten mit sich bringen (können).

In diesem Zusammenhang ist auch die Arbeit mit der Vergangenheit von Klient*innen und sozialen Systemen nützlich, zumal hierbei Entwicklungsprozesse, Muster oder Verflüssigungen verstanden werden können. Via einer lösungsorientierten Inblicknahme von Vergangenheit ist es möglich, „Kraft- und Ressourcenquellen für die Gegenwart zu finden" (Hanswille, 2015, S. 30), indem etwa Bewältigungsleistungen und Resilienzaspekte kohärent mit Verletzungen und (inneren) Konflikten in Zusammenhang gebracht werden. Entscheidend für ein lösungsorientiertes Arbeiten ist es, bei Problembeschreibungen keine Defizitperspektive zu bedienen, sondern – im Sinne der von Milton Erickson eingeführten Idee der Utilisation – das Nutzbarmachen in den Blick zu nehmen und Dinge, die gut funktionier(t)en, anzuregen. In lösungsorientierter Beratung kann der sogenannte Problem Talk auch als Ausgangspunkt für die Zielentwicklung dienen. Ebenso ist es möglich, in der Beratung die Parameter des Problems als Konstruktionsleistung zu betrachten und hinsichtlich der Gestaltungsmöglichkeiten für die Konstruktion von Lösungen zu befragen (vgl. Schmidt, 2021, S. 88ff.). Statt einer Tabuisierung von Defiziten verfolgt Lösungsorientierung das *Stärken von Stärken.* „Stellt man sich den Umgang mit Problemen als eine Reise vor, liegt der Schwerpunkt in dieser lösungs- und ressourcenorientierten Sichtweise auf der Frage, wohin man reisen möchte, und nicht darauf, von welchem Ort man fortwill" (Lindemann, 2023, S. 69).

3.3 Neugier

Neugier als Haltung des wertschätzenden Verstehen-Wollens impliziert das Erfragen von subjektiven Wirklichkeitsbeschreibungen und den Eigenlogiken sozialer Systeme. Indem die Nutzer*innen systemischer Beratung als Expert*innen des eigenen Lebens anerkannt werden, werden zugleich ihre Autonomie, ihre Erfahrungen und ihr Wissen respektiert. Das konsequente Einnehmen einer Neugierhaltung bietet der beratenden Person gleichzeitig die Rollenexpertise des Nichtwissens an (Barthelmess, 2016, S. 89ff.; Gaiswinkler & Roessler, 2022, S. 343). Insbesondere mittels offener Fragen (z. B. W-Fragen: Wer? Was? Wann? Wie? Woran?) lassen sich Perspektiverweiterungen, Bewältigungsversuche, Ressourcen und Zusammenhänge respektvoll und grenzsensibel erfragen, ohne dabei „auszufragen". Hilfreich hierbei kann die Metapher sein, die Lebenswelt von Klient*innen als völlig unbekannten Kontinent zu interpretieren, den es zu entdecken und zu kartografieren gilt. Dementsprechend ist die systemische Beratung der „*Neugierologie*" (von Foerster & Pörksen, 2019, S. 43) verpflichtet. Professionelle Neugier bedeutet einen Habitus des Staunens zu kultivieren, der davon getragen wird:

- aufrichtig etwas verstehen zu wollen
- etwas nicht zu schnell zu verstehen
- angemessen ungewöhnliche Fragen zu stellen
- Hypothesen in Fragen zu kleiden
- sich Zeit zu nehmen
- verstehen-wollend Tiefenebenen zu beleuchten
- sich in der Rolle der interviewenden Person wohlzufühlen
- Schweigen auszuhalten
- sich selbst keine Tabus aufzuerlegen und
- respektvoll zuhören zu können.

Durch erkundendes Fragen ist es möglich, Zeitkontexte aufzuschlüsseln, zwischen Denken und Handeln des Klient*innensystems zu navigieren, personelle Zusammenhänge und Perspektiven zu erschließen und nebenher ressourcendiagnostisch vorzugehen. Insbesondere das neugierige Betrachten von als „problematisch" deklariertem Verhalten als Lösungsversuch und das Erkunden von „guten Gründen" können als Besonderheit systemischer Beratung verstanden werden. Neugier geht unmittelbar mit Zirkularität, Ressourcenorientierung und Hypothesenbildung einher und ist ein maßgeblicher Parameter von Beziehungsgestaltung in Beratungsprozessen.

> Eine respektvolle Neugier vermittelt Interesse an der Person gegenüber und wertet sie auf. Da ist jemand, der interessiert sich für mich, wie ich etwas mache, was ich fühle oder denke, wie ich etwas erlebt habe, was meine Fantasien sind. Das ist Wertschätzung und gibt das Gefühl, gesehen und geachtet zu werden mit dem, was und wie man ist. (Hanswille, 2015, S. 27)

3.4 Neutralität

Neutralität meint in systemischen Ansätzen den Verzicht auf eine wertende Positionierung bezüglich beschriebener Verhaltensweisen, Probleme, Symptome oder Lebensentwürfe. Dementsprechend werden die Ideen zu Problemerklärungen, Sichtweisen, Wirklichkeitskonstruktionen oder Lösungsideen wertungsoffen verhandelt (von Schlippe & Schweitzer, 2016, S. 205f.). Für die Berater*innen bietet sich hierbei die Rolle der *Anwältin der Ambivalenz* an (vgl. Haselmann, 2022, S. 75). Wohlgemerkt: Mit Neutralität wird hier ein Ideal beschrieben, das nicht in jedem Kontext sinnvoll oder angebracht ist. Vielmehr ist Neutralität unmittelbar verwoben mit kritisch-reflexiven Haltungsaspekten und stellt eine ständige ethische Balanceherausforderung dar. Insbesondere bei Themen wie Gewalt und Integritätsbeschädigungen ist eine Positionsaufgabe von Neutralität seitens der systemischen Berater*innen erforderlich, aus der dann wieder ein Begeben in die neutrale Position erfolgen kann. Dementsprechend charakterisiert sich Neutralität über „ein eindeutiges Sowohl-als-auch“ (Hanswille, 2015, S. 27). Gerade vor dem Hintergrund der Denkweise der Kybernetik zweiter Ordnung „sind die Verpflichtung zur Selbstreflexion und damit zusammenhängende Fragen der Ethik“ (Nagel, 2022, S. 282) unhintergehbar (vgl. auch Blume, 2016; Paulick & Wesenberg, 2020).

Neutralität lässt sich in (mindestes) fünf Ebenen differenzieren:

1. **Veränderungs-Neutralität** rekurriert auf der Idee nicht trivialer Maschinen, womit sich Subjekt A aufgrund seines Eigensinnes nicht durch Interventionen von Subjekt B verändern kann. Sowohl die Veränderungsbereitschaft, die Art und Weise der Veränderung als auch das Tempo möglicher Veränderungen werden aus systemisch-beraterischer Haltung heraus neutral betrachtet. Letztlich kann sich ein autonomes System auch für (Problem-)Stabilität und Nichtveränderung entscheiden. Der Verzicht auf Instruktionen sowie die Anerkennung von Autonomie und Ambivalenzen können als Form von Respekt gegenüber dem Klient*innensystem verstanden werden (vgl. Schwing, 2016a; Mücke, 2019a, S. 71f.).
2. **Konstrukt-Neutralität** bezieht sich auf die wertverzichtende Positionseinnahme bezüglich der Wirklichkeitskonstruktionen von Klient*innen und ihren Lebensentwürfen. Insbesondere in der Arbeit mit Mehrpersonensystemen, aber auch in der markanten Abweichung gegenüber eigenen Wirklichkeitskonzepten und Glaubenssätzen ist die Idee eines Nebeneinanderstehens von Sichtweisen hilfreich. Dies verlangt von der beratenden Person, eigene Lösungsideen, Problemerklärungen und

Werthaltungen zurückzustellen und nicht als „Meinung“ in den Beratungskontext einfließen zu lassen. Gleichzeitig eröffnen sich durch die „Enthaltsamkeit gegenüber Erklärungen, Meinungen und Konstrukten“ (Hanswille, 2015, S. 26) Möglichkeitsräume für eigene Ideen des Klient*innensystems.

3. **Beziehungs-Neutralität** geht aus dem Konzept der „Allparteilichkeit“ (Böszörményi-Nagy & Spark, 2015) hervor und wurde von der Mailänder Gruppe unter dem Neutralitätsterminus geschärft (Selvini Palazzoli et al., 1981, S. 289f.). In der Essenz definiert sich Beziehungs-Neutralität insbesondere über die Wirkung gegenüber den Mitgliedern des sozialen Systems im Sinne der Bündnisvermeidung bzw. der Abwesenheit von Verstrickungen mit einzelnen Subjekten oder Subsystemen. Der Anspruch von Beziehungs-Neutralität bezieht sich dabei sowohl auf anwesende als auch abwesende Mitglieder des Systems, denen eine wertschätzende Neutralität entgegenzubringen ist. Die gleiche Haltung – so die systemische Maxime – ist in der Arbeit mit Persönlichkeitsanteilen und Ego-States einzunehmen. Beziehungs-Neutralität hilft systemischen Berater*innen dabei, nicht in Konflikte einbezogen zu werden, und „dient der äußeren, sozialen und inneren Distanzierung“ (Hanswille, 2015, S. 27).
4. **Problem-Neutralität** impliziert die wertungsfreie Positionseinnahme gegenüber der vom Klient*innensystem geschilderten Probleme. Hierunter ist nicht der Verzicht auf ein Würdigen der Schwere zugunsten von Formen der Bagatellisierungen gemeint. Stattdessen gilt es alles, was vom sozialen System als Problem beschrieben wird, in den jeweiligen Sichtweisen und im individuellen Erle-

ben gleichrangig anzuerkennen, ohne Hierarchisierungen vorzunehmen. Hinsichtlich der Probleme/Symptome bedeutet Neutralität den Verzicht auf eine wertende Positionierung bezüglich der thematisierten Beratungsanlässe oder beschriebener Verhaltensweisen. Auf diese Weise bleibt offen, ob die beratende Person intendiert, den Problemerhalt zu fördern oder dessen Absenz zu befürworten. Ebenso werden die Ideen der Klient*innen zu Problemerklärungen, Sichtweisen, Wirklichkeitskonstruktionen oder Lösungsideen wertungsoffen verhandelt (von Schlippe & Schweitzer, 2016, S. 205f.).

5. **Lösungs-Neutralität** bezieht sich sowohl auf die bisherigen Lösungsversuche der Kontextbeteiligten als auch auf die im Beratungsprozess erarbeiteten Lösungsideen. Dieser Neutralitätsaspekt meint insbesondere den Verzicht auf inhaltliche Bewertungen von Lösungshandeln. Zugleich ist diese Lösungs-Neutralität als Position eingebettet in den Haltungsaspekt von Lösungsorientierung und der Maxime der Möglichkeitserweiterung verpflichtet. „Die beratende Person ist für die Gestaltung des Beratungsprozesses verantwortlich" (Lindemann, 2023, S. 79). Zu diesem Verantwortungsbereich zählen etwa Setting, Rahmenbedingungen, saubere Auftragsklärung, Struktur, Abläufe, Regeleinhaltung, Einnehmen systemischer Haltung(en) und methodische Angebote. Aber: „Die Verantwortung für die Ergebnisse und ihr eigenes Verhalten bleibt bei den Beteiligten" (ebd.) des Beratungsgeschehens.

Wichtig: Neutralität ist als Grundorientierung zu verstehen, die sich stets im Spannungsfeld mit den institutionellen Aufträgen (Träger, Menschenrechtsprofession) bewegt und immer wieder situations- und kontextsensibel austariert werden muss. In Kontexten von Beratung und Sozialer Arbeit ist der Neutralitätsanspruch insbesondere in Zusammenhängen von Gewalt (etwa Täter*innenarbeit, Kinderschutzarbeit, häusliche Gewalt) nicht im Sinne einer Allparteilichkeit zu verstehen. Vielmehr gilt es, sich „solidarisch und reflektiert-parteilich" (Forum Beratung in der DGVT, 2022, S. 3) aufseiten des Opferschutzes zu positionieren und dergestalt „als Form des Beistehens bei Integritätsverletzungen und als Sichtbarmachen von Ungerechtigkeitserfahrungen" (ebd.) zu agieren (vgl. Schwing, 2022, S. 341f.).

3.5 Ressourcenorientierung

Ressourcenorientierung meint das grundlegende Einnehmen einer Perspektive hin auf Kraftquellen, Fähigkeiten, Fertigkeiten und Kompetenzen (Paulick, 2019). Ressourcenorientierung bezieht sich auf die Wahrnehmungsbereitschaft, das intrasubjektive Selbstverhältnis, auf intersubjektive Hilfeformate sowie Beobachtungen und kann demzufolge als systemische Grundhaltung in Formaten systemischer Beratung(en) gelten. Als zentrale Leitlinie eines ressourcenorientierten Vorgehens lässt sich die Kombination von Wirklichkeitsbeschreibungen mit Selbstwirksamkeitserfahrungen bestimmen (Paulick & Wesenberg, 2019). Im Kern bezieht sich Ressourcenorientierung auf subjektives Nützlichkeitserleben in spezifischen Kontexten und kann als Pendant zu Defizitorientierung (Pathogenese, problemorientierte Verfahren) gelten (Kupfer & Paulick, 2023).

Ressourcenorientierung findet ihren Ausgangspunkt in der Annahme, „dass im schwerstgeschädigten Individuum, in der defizitärsten Umwelt und in den gestörtesten Mensch-Umwelt-Transaktionen förderbare Ressourcen einer Entwicklung von Personen- und Umweltsystemen zu finden sind“ (Nestmann, 2014a, S. 731). Mit dem Unterstellen von Ressourcen per se wird folglich eine gänzliche Ressourcenabwesenheit negiert, gleichwohl aber ungleiche Ressourcenverteilungen anerkannt.

Da sich Ressourcenorientierung auf subjektives Nützlichkeitserleben in spezifischen Kontexten bezieht, verbleiben definitorisch-objektive Bestimmungsversuche in einem Bereich der Vagheit. „Letztlich alles, was von einer bestimmten Person in einer bestimmten Situation wertgeschätzt und/oder als hilfreich erlebt wird, kann als eine Ressource betrachtet werden“ (Nestmann, 1996, S. 362). Auch wenn sich Ressourcenarbeit häufig als zeitintensiv herausstellt, ist es insbesondere vor dem Hintergrund biografischer Einzigartigkeiten bedeutsam, den qualitativen und quantitativen Blick auf Stärken, Fähigkeiten, Fertigkeiten und Kompetenzen von Klient*innen und deren Lebenswelten zu richten, gemäß der Prämisse: „Stärken stärken“ (Hahn, 2022a, S. 396). Gleichzeitig lassen sich in psychosozialen Hilfeverfahren folgende Grundannahmen konstatieren:

- Jede*r Klient*in verfügt über Ressourcen, um Herausforderungen zu bewältigen.
- Ressourcen sind subjektive und kontextbezogene Herstellungsleistungen.
- Ressourcen sind via beraterischer Allianz wiederbelebbar, konstruierbar, aktivierbar.

- Ressourcenorientierung geht mit dem Generieren von Selbstwirksamkeitserfahrungen einher.
- Ressourcenorientierung fördert Selbstheilungspotenziale.
- Ressourcen sind Werkzeuge.
- Hilfeerfolge korrespondieren mit der subjektiv bewerteten Zieldienlichkeit von Ressourcen durch die Nutzer*innen.
(Hahn, 2022a; Hanswille, 2015, S. 38; Nestmann, 2014a; Schaller & Schemmel, 2013b; Schubert & Knecht, 2015; Willutzki, 2013.)

„Ressourcen gibt es nicht an sich" (Hahn, 2022a, S. 394). Sie sind vielmehr als subjektive Konstruktionsleistungen interpretierbar, die in Hilfekonstellationen angeregt werden können. Ressourcenorientierung, verstanden als Einnehmen eines positiven Blicks (Hebenstreit-Müller & Lepenies, 2007) auf Gelingensprozesse und Konstellationen der subjektiven Nützlichkeit, navigiert zwischen Vergangenheit, Gegenwart und Zukunft.

Ressourcenorientierung kann sowohl einen präventiven als auch einen intervenierenden Anspruch verfolgen. Zielstellungen in Beratungsprozessen bestehen somit in:

- Ressourcenerweiterung (Synergieaspekte generieren, gezieltes Verfolgen von Ressourcengewinn bei Ressourcenmangel)
- Ressourcennutzung (Ressourcenmanagement, Utilisation)
- Sichtbarmachung von Ressourcen (Ressourcenentwicklung, Ressourcenaufbau)

- ➢ Ressourcensicherung (Bewahren von Ressourcen, Aufbau eines Ressourcenreservoirs)
- ➢ Ressourcenbedrohung auffangen (Stabilisierung bei antizipiertem Ressourcenverlust)
- ➢ Ressourcenverlust entgegenwirken, bewältigen (bei faktischem Ressourcenverlust)
- ➢ Ressourcenförderung (Sichtbarmachung, Anregung, Förderung von Ressourcen)
- ➢ Ressourcenaktivierung (Sichtbarmachung, Aspekte der Ressourcennutzung).

  (Hobfoll, 1989, 1998; Hobfoll und Lilly, 1993; Hölzle, 2011; Nestmann, 2014a; Nestmann & Werner, 2012; Petzold, 1997; Schaller & Schemmel, 2013a.)

Ressourcenorientierung als Haltungsaspekt ist eng verwoben mit Lösungsorientierung und kann durchaus arbeits- und zeitintensiv sein. Gleichzeitig trägt die Arbeit an Ressourcen im Beratungskontext zum Aufbau und Vertiefung einer tragfähigen Arbeitsbeziehung zwischen Berater*in und Klient*innensystem bei.

3.6 Wertschätzung und Würdigung

Wertschätzung bzw. Würdigung bedeutet eine respektvolle, anerkennende und ressourcenorientierte Grundhaltung gegenüber Systemen und ihren Themen. Dies impliziert in der systemischen Beratung einerseits die würdigende Kommunikation und Interaktion mit Nutzer*innen, die stets die Selbstbestimmung von Individuen respektiert. Andererseits umfasst Wertschätzung/Würdigung auch die Förderung und Kultivierung eines wohlwollenden Selbstverhältnisses im Sinne von Selbstfürsorge. „Selbstfürsorge bedeutet demnach, eine achtsame und wertschätzende Beziehung zu sich selbst zu entwickeln und zu pflegen" (Ochs, 2020a, S. 148). Ein wertschätzender Umgang mit Klient*innen und sich selbst kann – wie etwa Klaus Mücke betont – als „Ausgangspunkt und übergeordnetes Prinzip" (2019a, S. 189) systemischer Haltung verstanden werden. „Von diesem Fundament werden alle [...] weiteren Bestimmungsmomente, Grundprinzipien und Interventionen" (Mücke, 2019b, S. 41) systemischer Beratung und Therapie getragen.

Aus einer wertschätzend/würdigenden Haltung heraus lassen sich Individuen und soziale Systeme als autonome und eigensinnige Expert*innen ihres Lebens verstehen, deren Lebenswelten und Biografien neugierig (und ressourcenorientiert) erkundet werden wollen, wobei der Schlüssel zur Problemlösung in ihrer Hand liegt. „Systemisch gesehen ist jede menschliche Lebensweise an sich berechtigt und verdient Respekt" (Ludewig, 2016, S. 35). Gleichzeitig ist mit Respekt und Wertschätzung weder eine inszenierte Höflichkeit gemeint noch ein etwaiger Verzicht auf das Ansprechen schwieriger Themen oder Beobachtungen. Gerade weil Berater*innen auch eigensinnige Individuen und Biografieträger*innen mit eigenen Themen sind, sollte weder die Maxime gelten, dass jede*r jede*n beraten können muss, noch, dass jeder Beratungsauftrag angenommen werden sollte. Hier kann der „Grad der Wertschätzung [...] wie ein Seismograph" (Hanswille, 2015, S. 53) für die eigene Haltung – und damit für die Sinnhaftigkeit ein Beratungsformat anzubieten – sein.

Tatsächlich muss Wertschätzung in ständiger Resonanz mit sich und dem Klient*innensystem (hierunter sind auch

Abwesende zu zählen) immer wieder hergestellt und gewissermaßen unter Beweis gestellt werden. Dies umfasst ein auf Wohlfühlen ausgerichtetes Einrichten des Beratungssettings, Transparenz und Diskretion, Aufmerksamkeit, auftragskonformes Handeln, Gesten der Anerkennung, respektvolle Kommunikation, Ressourcenorientierung (aber auch Würdigen der Schwere von Themen), lösungsorientierte Sprache, ein Verzicht auf Entwertungen bis hin zum Respektieren von Widerstand oder Nichtkooperation.

Als Grundhaltung ist Wertschätzung/Würdigung den Menschrechten und der Menschenwürde gegenüber verpflichtet und erfordert eine reflektiert-parteiliche Positionierung bei Entwertungen und Diskriminierungen von sozialen Systemen, die aufgrund von Markierungen wie Alter, Geschlecht, ethnischer Herkunft, Kultur, Status, sexueller Orientierung, Weltanschauung und Religion erfolgen.

3.7 Zirkularität

Zirkularität meint das Betrachten von Kommunikation und Verhalten in Wechselwirkungen und Rückkopplungen. Im Gegensatz zu linearer Kausalität und Determinismus forciert zirkuläres Arbeiten das Spielen mit Perspektiven und Beobachtungspositionen in Systemen und den jeweiligen Wirklichkeitskonstruktionen der Beteiligten. Vor dem Hintergrund der Kybernetik zweiter Ordnung kann Verhalten zwar beobachtet und interpretiert werden, jedoch sind diese Interpretationen stets subjektiv, zumal sie aus der jeweiligen Position heraus unterschiedlich konstruiert werden. „Kein Mitglied eines *Sozialsystems* kann direkt auf das, was sich psychisch beim anderen abspielt, reagieren, sondern immer nur auf seine eigene Deutung des Verhaltens des anderen bzw. die dafür zugeschriebenen Gründe“ (Simon, 2022, S. 536). Im Rahmen systemischer Beratungen ist es sinnvoll, den Aufmerksamkeitsfokus auf die Unterschiede zwischen beobachtbarem Verhalten und dessen Bedeutungsgebung und -zuschreibung zu richten und auf diese Weise Ideen von Linearität und Kausalität aufzuweichen. Ebenso ist das Betrachten von Zeithorizonten, Kontexten oder Unterschieden innerhalb von sozialen Systemen hilfreich (Selvini Palazzoli et al., 1981). Insofern zielt systemische Beratung auch darauf ab, Informationen zu gewinnen, wobei Informationsgewinn definiert werden kann als „Jeder Unterschied, der einen Unterschied macht“ (Bateson, 1982, S. 274). Ein markantes Instrument systemischer Beratung stellen hierbei zirkuläre Fragen dar, die methodisch das Spiel mit Unterschieden und Wirklichkeitskonstruktionen einfangen (siehe Kapitel 4.3). Gleichwohl sei betont, dass Zirkularität als Haltungsaspekt weit mehr bedeutet als das technische Anwenden von zirkulären Fragen (Simon, 1993; Simon & Rech-Simon, 2020).

Unter Zirkularität lassen sich auch die Verbindungen und Wechselwirkungen von Berater*in und Klienten*innensystem als kontingente Konstruktions- und Co-Konstruktionsprozesse verstehen. Da sich systemische Berater*innen – vor dem Hintergrund der Kybernetik zweiter Ordnung – nicht im einflusslosen Außen befinden, sondern Teil des Beratungsgeschehens sind, ist es sinnvoll, neben kontinuierlicher Selbstreflexion auch supervisorische Reflexionsformate zu nutzen.

4 Methoden und Techniken systemischer Beratung(en)

Um das Wesen systemischer Beratung zu verstehen, darf eine kritische Auseinandersetzung mit Fragen von Methoden und Techniken dieses Beratungsansatzes nicht fehlen. Hier ist es zum einen sinnvoll, Methoden und Techniken vor dem Hintergrund der historischen Entwicklungslinien des systemischen Ansatzes zu beleuchten. Zum anderen ist es interessant, danach zu fragen, inwieweit sich in der Gegenwart Methoden und Techniken als markant systemisch beschreiben lassen und inwieweit Unterschiede hinsichtlich der Arbeit mit Einzelpersonen, Dyaden, Familien und Mehrpersonensystemen beachtenswert sind. Gleichzeitig ist es bedeutsam, eine kritische Einordnung des Stellenwerts von Methoden und Techniken im „Gesamtkunstwerk" systemischer Beratung voranzustellen.

4.1 Jenseits des Tooliganismus

Wie auch andere Beratungs- oder Therapieansätze kann sich der systemische Ansatz nicht davon frei machen, mit als einschlägig definierten, „typischen" Methoden assoziiert zu werden. Zu den drei häufigsten Assoziationen mit systemischer Beratung gehören zweifellos Familienaufstellungen, zirkuläre Fragen und die Wunderfrage.

Methoden als Markierungen von ganzen Beratungs- oder Therapieansätzen scheinen besonders attraktiv zu sein, bieten sie doch Bilder und Sequenzen an, die kulturell in Texten, mündlichen Überlieferungen, Dokumentationen, Serien oder Filmen eine komplexe Idee, von dem, was in Beratungs- oder Therapieformaten geschieht, komprimiert abbilden. Gleichzeitig handelt es sich hier keineswegs um Verdichtungen eines komplexen und komplizierten Hilfeformates, sondern eben um das kulturindustriell bearbeitete, sequenzielle Bebildern von außen. Wie Eva Illouz 2009 (Orig. 2008) in ihrer kultursoziologischen Studie *Die Errettung der modernen Seele* gezeigt hat, kann von einer „erstaunlichen Allgegenwärtigkeit des therapeutischen Diskurses, der in Fachartikeln ebenso anzutreffen ist, wie in Talkshows, Selbsthilferatgebern und in Fernsehsendungen wie den *Sopranos*" (Illouz, 2009, S. 32) gesprochen werden. Diese kapitalisierte Omnipräsenz von Therapie und Beratung ist durch die entstandenen Streamingportale nicht geringer geworden. Serien wie *Freud*, *Shrinking*, *13 Reasons Why*, *Sex Education* oder *After Life* offerieren eine Vielzahl an Bildern und Skripten, wie Berater*innen und Therapeut*innen vermeintlich arbeiten, wie Hilfeformate aussehen und natürlich mit welchen Methoden agiert wird.

Der methodenfokussierte Erwartungsaufbau lässt sich nicht nur bei Klient*innen von Beratungsformaten beobachten, sondern findet sich auch beim Eintritt von Lernenden in Ausbildungskontexte systemischer Beratung bzw. zu Beginn eines Hochschulstudiums in Sozialer Arbeit oder Psychologie. Gleichzeitig ist aus der empirischen Forschung bekannt, dass die Wirkvarianz von Techniken und Methoden eines Hilfeformates in Therapie und Beratung „wenig berauschend für MethodenliebhaberInnen" (Kupfer & Nestmann, 2016, S. 332) ist. Beispielsweise beziffern Asay und Lambert in ihrer Metastudie (2001), in der sie nach den gemeinsamen Faktoren *(common factors)* verschiedener Therapieansätze fragten, die Bedeutsamkeit von Techniken für den Therapieerfolg auf 15 %. Ebenfalls mit 15 % beziffern die Autoren den Placeboeffekt, worunter die Erwartungen und Hoffnungen seitens der Klient*innen an das Hilfeformat gefasst werden. Komplettiert werden die sogenannten *big four* der Wirkfaktoren mit der therapeutischen Beziehung (Akzeptanz, Empathie, Wärme) mit 30 % sowie extratherapeutischen Veränderungen (Klient*innen- und Kontextvariablen z. B. Resilienz, Ich-Stärke, Netzwerk, Umweltfaktoren) mit 40 %.

Methoden können in Formaten systemischer Beratung(en) dabei unterstützen, systemische Haltung(en) zu verdeutlichen, Zuversicht zu vermitteln sowie die Arbeitsbeziehung aufzubauen und zu vertiefen. Gleichzeitig sei betont, dass systemische Beratung sich *nicht* über spezielle Methoden und Techniken definiert. Schon gar nicht ist sie mit diesen gleichzusetzen, wie teilweise Mikrofortbildungen, Podcasts oder Publikationen, die sich als Werkzeugkasten deklarieren und eine Vielzahl von Tools in Rezeptlogiken anbieten, nahelegen. Tatsächlich „besteht das Wesentliche einer systemischen Praxis nicht in der bloßen Anwendung sog. systemischer Techniken, sondern in der praktischen Umsetzung einer systemisch begründeten Haltung" (Ludewig, 2016, S. 25).

Die bloße Fokussierung auf das theorie- und haltungsabstinente Lernen (und Lehren) von Methoden und Techniken kulminiert in Varianten von *Tooliganismus* und konterkariert den Kern systemischer Beratung. Denn:

> Therapeutische und beraterische Expertise zeigen sich nicht allein in der Beherrschung von Methoden im Sinne technischen Könnens, sondern vor allem im Gefühl für ihre situative Notwendigkeit bzw. Angebrachtheit (Indikation), im Sinn für Timing (wann und wie lange), in der angemessenen affektiven Rahmung und in der Einschätzung der Wirkung der Methode auf die therapeutische Beziehung und den Fortgang des Therapieprozesses. [...] Als Grundregel sollte daher für die Anwendung von Methoden gelten, dass man jederzeit ihre Funktion für den Therapieverlauf begründen können sollte. (Levold, 2016c, S. 222f.)

Vor dem Hintergrund der diffusen Omnipräsenz von Methoden und Techniken bietet es sich an, eine Verdichtung und Schärfung im Sinne einer Leitlinienorientierung für das Einsetzen von Methoden vorzuschlagen.

Folgende Leitlinien für den Einsatz von Methoden im Kontext systemischer Beratung(en) können formuliert werden:

- ➢ Systemische Beratung bezieht sich auf Theoriemodelle (Konstruktivismus, Systemtheorien, Kybernetik zweiter Ordnung) und wird insbesondere von der/den oben beschriebenen, konkreten systemischen Haltung(en) getragen.
- ➢ Der Einsatz von Methoden und Techniken erfolgt prozessorientiert. Er muss stets auftragskonform sein, kontextsensibel stattfinden und als Angebot für den*die Klient*in formuliert werden, das stets auch abgelehnt werden darf.

- Das Anwenden von Methoden und Techniken in systemischer Beratung ist dann verantwortungsvoll, wenn es eingebettet ist in Reflexivität sowie Theoriewissen und der eröffnete Raum selbstsorgerisch gehalten werden kann.
- Ein sorgfältiger Umgang mit Methoden setzt voraus, dass er auf intensivem Selbsterfahrungserleben von Berater*innen basiert. Gemäß dem ethischen Imperativ: „Jede Beratungsmethode und -technik, die Klient*innen wie selbstverständlich zugemutet wird, sollte […] mindestens einmal von Berater*innen auf sich selbst angewendet worden sein" (Paulick & Wesenberg, 2024, S. 73).
- Berater*innen sollten nicht nur jene Methoden anbieten, die sie technisch beherrschen, sondern auch mit denen sie sich sinnhaft identifizieren können. Ohne die Überzeugung, dass eine Methode oder Technik sinnvoll ist, verpufft diese.
- Das Anwenden von Methoden ist eine Form von Kunsthandwerk, denn es ist strukturoffen und prozessorientiert, verlangt Sensibilität, Theoriewissen, Reflexivität, Selbstsorgekompetenz und verantwortungsvolles Navigationshandeln, welches die Möglichkeitsräume für die Nutzenden systemischer Beratung(en) erhöht.

Die im Folgenden vorgestellten Methoden und Techniken können als *basics* systemischer Beratung verstanden werden, ohne einen Exklusivitätsanspruch dieses Repertoires für den systemischen Ansatz zu formulieren. Gerade weil sich psychosoziale Beratung über das „integrativ-eklektische Vorgehen konzeptionell wie praktisch […] und auch in der Herangehensweise durch lebensweltliche, alltagsorientierte und auch gesellschaftsreflexive Aspekte“ (Kupfer, Wesenberg, Gahleitner & Nestmann, 2021, S. 60) definiert, finden die Techniken und Methoden auch in anderen Beratungsansätzen Verwendung.

Auf den ersten Blick vielleicht technisch unspektakulär, haben sich die hier vorgestellten Methoden in der Arbeit mit Einzelpersonen, Dyaden, Familien und Mehrpersonensystemen gerade dann als nützlich erwiesen, wenn sie in Wechselwirkungen mit den oben beschriebenen Haltungsaspekten stehen und die theoretischen Zusammenhänge systemischen Arbeitens verstanden worden sind. Es sind gerade diese Wechselwirkungen, welche das Gemeinsame von Methoden systemischer Beratung charakterisieren.

4.2 Auftragsklärung

Jede Beratung – sei sie nun systemisch oder nicht – erfordert eine solide Auftragsklärung, um die verschiedenen Zielebenen der Beteiligten einzufangen und miteinander in ein sinnvolles, ethisch-vertretbares Verhältnis zu setzen. Erst durch das Herausarbeiten des Auftrags bzw. der Auftragsebenen und das anschließende prozessorientierte Auftragsbearbeiten unterscheidet sich eine Beratung von Gesprächen, Plaudereien oder anderen Kommunikationsformaten.

Die Komplexität der Auftragsklärung lässt sich in vier grundlegende Ebenen differenzieren, die wiederum mehrere Komponenten in sich tragen. Diese Differenzierungstetralogie bezieht sich unmittelbar auf die Perspektive der beratenden Person und kann sich als ständige Reflexionsmatrix anbieten (vgl. Paulick & Wesenberg, 2019, S. 27ff., 2024, S. 96ff.).

a) **Explizite Aufträge** bezeichnen die konkret von Klient*innen formulierten Ziele der Beratung(en). Dies impliziert sowohl das jeweilige systemische Gespräch als auch die Auftragsklärung für den Beratungsprozess, die i. d. R. bereits im Erstgespräch vorgenommen wird.

Zu den Herausforderungen bei den Formulierungen expliziter Aufträge kann es gehören, dass Klient*innen – anstatt Abwesenheitsformulierungen bezüglich des Problems zu reproduzieren – in ein Schildern eines konkreten, erreichbaren Zieles eingeladen werden. Dies kann durchaus zeitintensiv sein, zumal teilweise anfänglich zu große (und damit unrealistische) Ziele, reine Negierungen des Problems (anstatt eines konkreten Stattdessen) formuliert oder die Ziellösung bei anderen Personen oder Instanzen (und damit nicht beeinflussbar) verortet werden.

Das Erarbeiten von Aufträgen wird getragen von der systemischen Grundhaltung freundlicher Beharrlichkeit, Konkretisierungslust und Einladungen an den*die Klient*in, auf sich zu schauen sowie positive Ziele/erste Schritte zur Lösung zu formulieren. Die Relevanz einer soliden und sauberen Auftragsklärung für ein systemisches Beratungsformat ist kaum zu überschätzen. Pointiert formuliert: Mit der Auftragsklärung steht und fällt eine gelungene systemische Beratung.

Fragebeispiele für explizite Aufträge:

- „Was ist Ihr Ziel für diese Beratung?“
- „Worüber müssten wir heute hier sprechen, damit Sie Ihrem Ziel einen Schritt näher kommen?“
- „Was wäre für Sie ein gutes Ergebnis unseres gemeinsamen Beratungsprozesses?“

- „Was möchten Sie mit dieser Beratung erreichen?“
- „Woran würde jemand, der*die Ihnen wichtig ist, bemerken, dass Sie hier heute eine sinnvolle Beratung hatten?“

b) **Institutionelle Aufträge** beziehen sich auf das konkrete Professionssetting und die damit verbundenen strukturellen Interessenslagen, rechtlichen oder ethischen Leitlinien, welche die Hintergrundfolie der jeweiligen Beratung ausmachen. Hierzu zählen etwa rechtliche Bestimmungen (etwa bei Eigen- und/oder Fremdgefährdung, Verletzung von Privatgeheimnissen, Kindeswohlgefährdung) oder thematische Setzungen der Beratungseinrichtung, die sich aus Förderrichtlinien der Kostenfinanzierungsträger und konzeptionellen Leitlinien ergeben (z. B. in Kontexten von Sucht, Täter*innenberatung, Schwangerschaftskonfliktberatung).

Institutionelle Aufträge stellen das Dach (mit all seinen institutionellen Verpflichtungen und Mechanismen) dar, unter dem sich der*die Berater*in bewegt. Dementsprechend sind hier oftmals formelle Aspekte und vorgegebene Parameter definiert (beispielsweise eine Mindestanzahl an Sitzungen oder Zeitumfang der Sitzungen), welche machtvoll in Beratungen hineinwirken und Balanceanforderungen an systemische Haltungsaspekte richten. Institutionelle Aufträge werden insbesondere in Kontexten von Nichtfreiwilligkeit thematisiert, gleichzeitig sind sie in jedem systemischen Beratungsformat (und sei es als Ethikkodex des Fachverbandes, im Selbstverständnis der Beratungseinrichtung oder im § 8a SGB VIII Kinder- und Jugendhilfe) vorhanden (vgl. Paulick & Wesenberg, 2019, S. 27, 2024,

S. 99ff.). Kernelemente institutioneller Aufträge finden sich idealerweise in gemeinsam mit Klient*innen besprochenen Beratungskontrakten und sollten transparent und verständlich formuliert sein (vgl. Conen & Cecchin, 2022).

c) **Verdeckte/verschleierte Aufträge** beziehen sich auf unausgesprochene, nicht explizierte Aufträge. Hierzu zählen einerseits nicht thematisierte Erwartungshorizonte oder Veränderungswünsche des konkreten Klient*innensystems, die (noch) nicht im Beratungskontext als Auftrag formuliert werden und beispielsweise aus Schamempfinden, Unsicherheit oder auch Widerständigkeit nicht verbalisiert werden. Andererseits zählen hierzu auch nicht formulierte Aufträge Dritter, etwa seitens anderer, nicht anwesender Mitglieder des sozialen Systems (Familienmitglieder, Partner*innen, Eltern) oder professioneller Helfer*innen (Jugendamt, Schule, Psychiatrie), die „in der Lücke zwischen dem, was gesagt wird, und dem, was gemeint ist" (Schwing & Fryszer, 2018, S. 113) Aufträge in Beratungen platzieren.

d) **Implizite Aufträge** beziehen sich auf das innere Erleben der beratenden Person und das Unterstellen von vermeintlichen Zielen, obwohl diese auf keiner der drei vorherigen Ebenen erkennbar waren. Das Beimessen einer Bearbeitungsrelevanz kann durchaus vor dem Hintergrund von Erfahrungsüberlagerungen der beratenden Person als Biografieträger*in entstehen und mehr mit dem*der Berater*in selbst denn mit dem Klient*innensystem zu tun haben (vgl. Thiersch, 1990, S. 140; von Schlippe, 2016, S. 226f.). Neben starker Affinität oder Aversion gegenüber Nutzenden von Beratung machen sich implizite Aufträge als Wünsche oder konkrete Ideen im inneren Erleben von Beratenden erkennbar, die sie Nutzenden gern als Bearbeitungsziel anraten würden. Dies würde das zentrale Prinzip der Absichtslosigkeit konterkarieren, zumal ein seriöser Auftrag stets die „ausdrückliche Erlaubnis" (Ludewig, 2022, S. 56) veränderungsbereiter Klient*innen erfordert und von ihnen direkt formuliert werden sollte.

> Die Frage, inwieweit der*die Berater*in einen impliziten Auftrag verfolgt, lässt sich über die ehrliche Beantwortung von Absichtslosigkeit beantworten. Insofern die geschlossene Frage „Gehe ich mit einer Haltung der Absichtslosigkeit in die Beratung?" nicht bejaht werden kann, liegen implizite Ideen auf Seiten der beratenden Person vor. Dies stellt eine wunderbare Gelegenheit für eine selbstreflexive Auseinandersetzung, Kollegiale Fallberatung oder Supervision dar. (Paulick & Wesenberg, 2024, S. 104f.)

4.3 Konstruktive W-Fragen

Konstruktive W-Fragen können als *die* zentrale Technik systemischer Beratung(en) betrachtet werden. Sie sind gekoppelt an jede der oben beschriebenen systemischen Haltungsaspekte, sie sind in jeder Phase eines Beratungsgesprächs vorhanden, strukturieren den prozessorientierten Ablauf und wirken sich auf das Arbeitsbündnis aus. Ebenso können sie als beraterisches Grundhandwerk verstanden werden, welches sich im Sinne einer Scharnierfunktion mit anderen zentralen systemischen Techniken kombinieren lässt und dergestalt zum Kunsthandwerk avanciert. „Konstruktive W-Fragen sind konstruktiv im Sinne von aufbauend und nützlich, und sie helfen konstruieren" (Prior, 2022, S. 53), denn sie beziehen Klient*innen unmittelbar in Arbeitsprozesse ein und anerkennen sie gleichzeitig als Expert*innen ihres eigenen Lebens und als lösungskompetent. Während geschlossene Fragen als Pendant Entweder-oder-Logiken bzw. Ja-Nein-Konstellationen erfragen und der Antworthorizont dabei – um Eindeutigkeiten herzustellen – eher verknappend ausgerichtet ist, zielen offen formulierte, konstruktive W-Fragen auf ein Beleuchten von „Wirklichkeits- und Möglichkeitskonstruktionen“ (von Schlippe & Schweitzer, 2016, S. 257). Nehmen Fragen zur *Wirklichkeitskonstruktion* die aktuelle (aber auch relevante vergangene) Situation des sozialen Systems in den Blick und streben diesbezüglich ein Tiefenverstehen an, adressieren *Möglichkeitskonstruktionen* (teilweise spielerisch) Zukünftiges und Hypothetisches im Sinne von *Was wäre wenn*? Somit bewegen sich W-Fragen stets zwischen verschiedenen Zeitebenen. Insbesondere in Kombination mit anderen systemischen Fragetechniken (zirkuläre Fragen, Ressourcenfragen, Bewältigungsfragen, Wunderfrage, Verschlimmerungsfrage ...) helfen sie dabei, ein von wertschätzender Neugier getragenes Arbeitsformat zu kreieren, in welchem Klient*innen sich als lösungskompetent erleben können. Gleichzeitig lenken sie den Aufmerksamkeitsfokus, unterstützen die Lösungskonstruktionen, stellen Genauigkeiten her, helfen beim Aufschlüsseln komplexer Konstellationen, verflüssigen Eigenschaften, kreieren Möglichkeiten, navigieren zwischen Zeithorizonten und schaffen Handlungsräume (vgl. Brüggemann, Ehret & Klütmann, 2016, Kapitel IV; Lindemann, 2023, S. 192ff.; Prior, 2022, S. 49ff.; von Schlippe & Schweitzer, 2019, S. 40ff.).

Beispiele für konstruktive W-Fragen sind:

- „*Wann* war diese Situation besser? *Wann* hat sich X anders verhalten?“ (Verflüssigen, Fragen nach Ausnahmen, Verstehen von zeitlichen Verläufen und Dynamisierungen)
- „*Was* ist Ihr Ziel für diese Beratung? *Was* wäre Ihnen möglich, wenn das Problem weniger vorhanden oder sogar weg wäre? *Was* hat sich seit X verändert? *Was* läuft gut? *Was* denken Sie dann über sich? *Was* würde X dazu sagen? *Was* bedeutet die Diagnose X für Sie?“ (Auftragsklärung, Lösungskonstruktion, Veränderungssensibilisierung, Ressourcenorientierung, Selbstkonzeptnavigation, zirkuläre Fragen, Bedeutungsfrage, Sinngebungsverstehen)
- „*Wer* würde bemerken, dass Sie eine gewinnbringende Beratungssitzung haben? *Wer* würde eine Verbesserung Ihrer Situation als schwierig empfinden? *Wer* hat Sie damals unterstützt?“ (Zirkuläre Fragen, Wirklichkeitsfragen)
- „*Wen* gibt es in Ihrem Leben, der*die Sie unterstützt oder gar auffängt?“ (Ressourcenfragen)
- „*Welche* Ihrer Fähigkeiten hilft Ihnen dabei, X zu bewältigen? *Welche* Ihrer Stärken hilft Ihnen besonders, um das auszuhalten oder sogar zu lösen?“ (Ressourcenfragen, Bewältigungsfragen)
- „*Woran* genau würden Sie erkennen, dass es anders wäre? *Woran* genau würde X erkennen, dass Sie sich anders verhalten?“ (Beobachtungsfragen, zirkuläre Fragen, Verhaltensbeobachtungen)
- „*Wie* ist es Ihnen gelungen, das zu bewältigen? *Wie* häufig ist das vorgekommen? *Wie* könnten Sie diese Erfahrung nutzen?“ (Bewältigungsfrage, Quantifizierung, Utilisation, Möglichkeitsfragen)

- „*Wofür* könnte das gut sein?“ (Sinnverstehen)
- „*Was noch? Und was noch?*“ (Detaillierungen, Genauigkeitsherstellungen)

4.4 Ressourcenfragen

Ressourcenfragen nehmen „Gelingensprozesse und Konstellationen der subjektiven Nützlichkeit“ (Paulick, 2019) in einem System in den Blick und machen die Möglichkeiten, Kraftquellen, Fähigkeiten und Kompetenzen sichtbar, die das beratungsnutzende System in sich trägt. Ressourcenarbeit ist synergetisch auf (mindestens) drei Ebenen mit *Beziehungsarbeit* verwoben:

- Indem das Subjekt im Beratungskontext seine persönlichen Stärken und Fähigkeiten erarbeitet, kann via kompetenzgrundierten Perspektiven auf sich selbst ein positives Selbsterleben sowie die Idee einer *positiven Selbstbeziehung* angeboten werden. Zudem ist es möglich, feindifferenziert innere Anteile (Ego-States) ressourcenorientiert in Varianten von Selbstbeziehungen zu integrieren und biografische Aspekte wertschätzend anzuerkennen.
- Das Erfragen und Sichtbarmachen von externen Ressourcen (soziale Akteur*innen, Tiere, Netzwerke) und Beleuchten von konkreten Unterstützungskontexten können eine *Würdigung von sozialen Beziehungen* darstellen. Ein ressourcenorientiertes Beschauen von sozialen Beziehungen kann in Anwesenheit und Abwesenheit anderer erfolgen. Hier ist es durchaus möglich, dass im Nachgang von ressourcenorientierter Beziehungsarbeit

im Beratungskontext Auswirkungen von Verhalten in konkreten sozialen Beziehungen außerhalb der Beratung(en) beobachtbar sind.

- Ressourcenfragen und Ressourcenarbeit in Formaten systemischer Beratung können sich positiv auf die *Arbeitsbeziehung(en)* zwischen Berater*in und Klient*in(nensystem) auswirken. Ein von wertschätzender Neugier, Zuversicht und Lösungsorientierung getragenes beraterisches Beziehungsangebot kann insbesondere in anfänglichen Beratungsprozessen als vertrauensstiftend erlebt werden.

Beim beraterischen Arbeiten mit Ressourcen werden Klient*innen ins Kompetenzerleben eingeladen und Potenziale von Selbstwirksamkeiten in Erinnerung gerufen bzw. sichtbar gemacht.

Kernfragen sind hierbei: „Welche Stärken/Fähigkeiten trägt das Subjekt bzw. das soziale System in sich?“, „Was läuft gut?“, „Was ist erhaltenswert?“, „Wen und was gibt es Wichtiges in der Lebenswelt?“ …

Ressourcenfragen können rein narrativ erfolgen oder mit kreativen Varianten von Ressourcenarbeit kombiniert werden. Beispiele hierfür können sein:

- Arbeit mit Symbolen (Systembrett, persönliche Gegenstände)
- Biografiearbeit (Soundtrack mit biografischen Kraftliedern, Arbeit mit Lebensfluss)
- Embodiment (Verknüpfung von Selbstwirksamkeit mit Körpererleben)

- Schreiben (Ressourcentagebuch, Märchen, Brief an sich selbst)
- Visualisieren (Zeichnen, Genogramm, Netzwerkkarten)
- …

Bezüglich der Fragekonstruktionen bieten sich insbesondere lebensweltorientierte, biografische und metaphorische Fragen an, die von konstruktiven W-Fragen getragen werden und verschiedene Ressourcenarten in den Blick nehmen.

Beispielfragen können sein (vgl. Paulick & Wesenberg, 2024, S. 108f.:

- „Was möchten Sie in Ihrem Leben gerne bewahren, wie es ist?"
- „Wo fühlen Sie sich geborgen?"
- „Wer ist in Ihren zauberschönen Momenten bei Ihnen?"
- „Was mögen Sie an sich?"
- „Wann fühlen Sie sich als gute*r Partner*in, Vater, Tochter, Kolleg*in …?"
- „Was mögen Sie an Ihrem Kind, an Ihrem*Ihrer Partner*in, an Ihrer Mutter …?" (Privatnavigation)
- „Was mögen Sie an Ihren Kolleg*innen, Kommiliton*innen, Klient*innen ...?" (Professionsnavigation)
- „Was machen Sie gerne?"
- „Wie verwöhnen Sie sich?"
- „Welche Dinge mag X an Ihnen?"
- „Was meint X, dass Sie besonders gut können?"

4.5 Bewältigungsfragen

Eine relevante Variante von Ressourcenfragen stellen Bewältigungsfragen dar, die „das Streben nach psychosozialer Handlungsfähigkeit in kritischen Lebenskonstellationen" (Böhnisch, 2019, S. 20) in den Blick nehmen. Bewältigung – verstanden als psychosoziales Handlungsfähigkeitsbestreben – bewegt sich innerhalb des Zusammenspiels von Selbstwert, sozialer Anerkennung und Selbstwirksamkeit des Individuums (vgl. ebd.).

Durch eine Verschränkung von Ressourcenorientierung mit Bewältigungsfragen wird via biografischer Navigation das Sichtbarmachen von eigenen, vielleicht aktuell in Krisensituationen nicht ganz so präsenten Kompetenzen, Fertigkeiten und Fähigkeiten, mit Herausforderungen umzugehen, ermöglicht. Ebenso kann das ressourcenorientierte Verknüpfen von Vergangenheit, Gegenwart und Zukunft statisches Problemerleben verflüssigen. Kombiniert mit einer zuversichtsvermittelnden Haltung der beratenden Person wird zudem auf der Ebene des Arbeitsbündnisses unausgesprochen die Idee angeboten, dass nichts immer gleich ist, dergestalt auch etwaige aktuelle Krisen von stabileren oder gar positiv erlebten Phasen abgelöst werden können. Die Arbeit mit Bewältigungsfragen kann durchaus mit Resilienzperspektiven verknüpft werden, zumal Klient*innen in diesem Format häufig Herausforderungen in Lebensphasen von Kindheit und Jugend explizieren, also Handlungsleistungen aus biografischen Kontexten schildern, in denen entwicklungspsychologisch viel weniger Ressourcen und Erfahrungen zur Verfügung standen.

Beispielsfragen sind (vgl. Paulick & Wesenberg, 2024, S. 109):

- „Wann in Ihrem Leben gab es vielleicht schon mal eine ähnliche Situation?“
- „Wie ist es Ihnen gelungen, diese zu bewältigen?“
- „Welche Ihrer Fähigkeiten war Ihnen dabei besonders hilfreich?“
- „Welche Kompetenz konnten Sie dabei vielleicht neu entdecken oder kultivieren?“
- „Wer hat Ihnen damals dabei geholfen?“
- „Was war die größte Aufgabe/Herausforderung, die das Leben Ihnen bisher zugemutet hat?“
- „Wie genau haben Sie diese bewältigt?“
- „Angenommen in Ihrem Buch des Lebens gebe es ein Kapitel mit der Überschrift ‚Als ich über mich selbst hinausgewachsen bin‘. Was würde darin alles stehen?“
- „Auf welche Ihrer Bewältigungskräfte können Sie immer vertrauen?“
- „Welche ist Ihre geheime Superkraft in einem herausforderungsreichen Leben?“

4.6 Ausnahmefragen und Wunderfrage

Die beiden hier beschriebenen Techniken führen Unterbrechungen in Problemtrancemuster von Klient*innen ein, indem sie den Aufmerksamkeitsfokus auf Ausnahmen des subjektiven Problemerlebens richten. Via der Aufmerksamkeitsausrichtung auf Ressourcen und Lösungskontexte und dem Erfragen von Unterschieden auf Ebenen des Verhaltens, Bewertens, Denkens und Fühlens ist es möglich, Gefühle des Ausgeliefertseins und der Passivität aufzuweichen, die oftmals subjektives Problemerleben von Klient*innen markieren.

Ausnahmefragen nehmen konkrete Kontexte der Vergangenheit oder Gegenwart in den Blick, in denen das Problemerleben des Klient*innensystems weniger intensiv oder sogar abwesend war. Dialogisch gehen Berater*in und Klient*in „der Frage nach, *wer was, wie, wann* und *wo* machte, so dass das Problem nicht auftrat" (Berg, 2015, S. 88).

Beispiele hierfür:

- „Wann war das Problem weniger stark?"
- „Wann war es gar nicht da?"
- „Was war dort anders?"
- „Wann ist die Angst weniger vorhanden?"
- „Was hat X dort anders gemacht?"
- „Was haben Sie anders gemacht?"
- „Was hat Ihnen dort besonders geholfen?"
- „Welche Ihrer Superkräfte hat Sie damals getragen?"

Die durch Insoo Kim Berg und Steve de Shazer populär gewordene *Wunderfrage* bezeichnet eine tranceinduzierte Sonderform einer zukunftsausgerichteten Ausnahmefrage, die bei der Formulierung das plötzliche Verschwinden des Problems hypothetisch unterstellt und sodann die konkreten Auswirkungen in der Lebenswirklichkeit der Klient*innen auf den Ebenen von Wahrnehmung, Bewertung und Verhalten detailliert erfragt (vgl. de Shazer & Dolan, 2020; Simon et al., 2004, S. 352; Hahn, 2022b).

Formulierungsbeispiel 1:
„Stellen Sie sich vor, eines Nachts geschieht ein Wunder. Und die Probleme, die Sie hierher geführt haben, sind gelöst. O.K.?
[…]
Das passiert, während Sie schlafen, Sie können also nicht wissen, dass es passiert ist. […]
O.K.? Am nächsten Tag, wie würden Sie bemerken, dass es ein Wunder gegeben hat? Was wäre dann anders, das Ihnen sagen würde, dass ein Wunder geschehen ist?" (de Shazer, 2019, S. 132)

Formulierungsbeispiel 2:
„Ich habe eine besondere, vielleicht etwas ungewöhnliche Frage an Sie, sicher eine Frage, die etwas Fantasie braucht. Angenommen, nachdem wir unsere Sitzungen hier beendet haben, gehen Sie nach Hause und Sie tun alles, was Sie üblicherweise auch tun. Sie erledigen Ihre Pflichten, nehmen das Nachtessen ein, schauen noch etwas fern und gehen dann zu Bett. Und während Sie schlafen, geschieht ein Wunder, und die Probleme, die Sie heute hierher gebracht haben, sind gelöst, einfach so (mit den Fingern schnippen). Aber da dieses Wunder geschehen ist, während Sie geschlafen haben, wissen Sie nicht, dass es sich ereignet hat.
Wenn Sie am nächsten Morgen erwachen, wie werden Sie entdecken, dass das Wunder geschehen ist und das Problem gelöst ist?" (Steiner & Berg, 2016, S. 46)

Der Wert der Wunderfrage liegt unter anderem darin, die Problemtrance von Klient*innen aufzubrechen und sie imaginativ in die konkrete Lösung einzuladen. Indem tranceinduziert gearbeitet wird, können nicht nur innere Bilder, sondern auch ein ganzer innerer Lösungsfilm entstehen, der durch die beraterischen Nachfragen zwischen den Navigationsebenen von Denken, Verhalten und Emotionen eine nachhaltige Intensität mit sich bringen kann. „Das Wunder wird zu einem inneren Anker für die Erfahrung der Lösung" (Barthelmess, 2016, S. 134).

Zentral für die beratende Person ist es, eine Haltung von würdigender Beharrlichkeit und Neugier einzunehmen und über konstruktive W-Fragen zahlreiche Details hervorzubringen. Tatsächlich sind es viel mehr die stetigen Detaillierungsaufforderungen denn die formulierte Wunderfrage selbst, die den Wirkcharakter dieser Intervention ausmachen. Da die Wunderfrage wohldosiert und in der Regel nur einmalig mit dem jeweiligen Klient*innensystem angewendet wird, geht ihr Einsetzen mit Takt, Sensibilität und Verantwortungsbewusstsein der beratenden Person einher. „Gerade diese nahezu vollkommene Frage braucht eine Geschichte, die wie eine Einladung wirkt, sich etwas Neues, sehr Spannendes vorzustellen und über zehn oder 20 Minuten dabei zu bleiben" (Kindl-Beilfuß, 2015, S. 66f.).

Beispiele für Vertiefungsfragen (de Shazer, 2019, S. 132ff.; von Schlippe & Schweitzer, 2016, S. 267) sind:

- „Was ist das Erste, woran Sie merken, dass das Wunder geschehen ist? Woran noch?"
- „Und woran noch?"

- „Wie sieht Ihr Tag dann genau aus? Und dann? Und dann?“
- „Auch andere wissen ja nichts von dem Wunder. Woran würde X merken, dass das Wunder geschehen ist? Und woran noch?“
- „Wie würde es sich genau anfühlen, dass das Wunder geschehen ist?“
- „Wer würde es als Erstes bemerken?“
- „Wie würde B dann darauf reagieren? Wie noch? Wie noch?“
- „Was tut X, Y dann? Und was tun Sie dann?“
- „Was würde C darüber denken, dass …?“
- „Was macht diese Person anders?“
- „Und wie reagieren Sie dann darauf?“

4.7 Skalierungen

Skalierungen ermöglichen, (auch graduelle) Fortschritte und Entwicklungen zu messen, Ressourcen zu verdeutlichen, Veränderungen sichtbar zu machen, Ziele zu definieren sowie Motivationen zu beleuchten. Das Verwenden von Skalierungstechniken in Kontexten systemischer Beratung eröffnet, trotz vermeintlicher Einfachheit der Technik, ein breites Spektrum an Möglichkeiten des Anwendens sowie enorme Tiefenqualität.

Insbesondere durch ihre Klarheit und gute Verstehbarkeit können Skalierungen sehr kreativ und flexibel eingesetzt werden (narrativ, visuell, analog, digital, mit Seil, Symbolen, Aufstellungen im Raum …). Sie sind anwendbar in Beratungen mit Einzelpersonen, Familien, Dyaden sowie Mehrpersonenformaten und eignen sich in der Arbeit mit nahezu allen Lebensaltern. In der Arbeit mit Kindern bietet es sich beispielsweise an, Skalierungen mit malerischen Techniken (Figuren zeichnen, Finger bemalen) oder kreativ-gegenständlichen Elementen zu kombinieren (z. B. das Aufpusten von Luftballons, um etwa Gefühle wie Traurigkeit oder Wut sichtbar zu machen) (vgl. Steiner & Berg, 2016). In der Arbeit mit Mehrpersonensystemen eröffnet sich durch eine räumliche Skalierung (Aufstellung oder Positionieren von Gegenständen entlang eines Seils) ein komplexitätsreduziertes Beobachten von Unterschieden innerhalb des sozialen Systems.

Bezeichnet Skalierung allgemein ein Verfahren, das via Einrichten einer Skala vergleichbare Größen definiert und auf diese Weise Messbarkeiten und Vergleichbarkeiten einführt, hat sich in Formaten systemischer Beratung eine Skala von 0 bzw. 1 bis 10 etabliert. Insbesondere in Beratungszusammenhängen, in denen Lösungsorientierung und Ressourcenzusammenhänge skaliert werden, wird der Minimalwert bei „1“ und der Maximalwert bei „10“ angesetzt, wodurch implizit die Idee einer grundsätzlichen Ressourcenanwesenheit unterstellt wird. Ausnahmen beim Minimalwert sind Messungen, die eine Distanz betreffen, eine Suizidabklärung vornehmen oder eine als negativ erlebte Symptomatik (z. B. Angst, Gewalt, Schmerz …) markieren sollen. Hier ist es wichtig, durch den Minimalwert von „0“ auch die Abwesenheit von etwas abbilden zu können.

Tatsächlich wird der Maximalwert (bei Abbildung positiver Veränderungen) von eher wenigen Klient*innen als optimaler Wert genannt, daher ist es relevant, nach diesem zu fragen, ebenso nach der aktuellen Position sowie danach, wie es auf dem nächsthöheren Skalenwert genau ausschaut. Im

Kontext einer lösungsorientierten Skala ist es wertvoll, detailliert nach dem Denken, Fühlen, Handeln zu fragen und Ressourcen zu würdigen und damit Sensibilitäten für Veränderungen zu schaffen (Paulick & Wesenberg, 2024, S. 111f.).

Im Anschluss an Steve de Shazer (2019) sowie Therese Steiner und Insoo Kim Berg (2016, S. 44ff.) lässt sich ein lösungsorientiertes Arbeiten mit Skalierungen über fünf Schritte vollziehen (dazu auch Hirschberg, 2022):

1. Vorstellen der Skala durch die beratende Person sowie Benennen der Pole.
2. Erfragen der aktuellen Position/des Status.
3. Würdigen des Status quo sowie Erfragen von Ressourcen und Bewältigungskompetenzen.
4. Erfragen des Zielwertes auf der Skala sowie Detaillieren.
5. Rückkehr zum aktuellen Skalenwert (Status quo) und Erfragen des nächsten Schrittes in Richtung des Zielwertes.

Während die ersten beiden Schritte eher überschaubare Zeithorizonte mit sich bringen und einführend gestaltet werden, ist es in den weiteren drei Schritten bedeutsam, die jeweilige Positionierung durch Detaillierungen zu beleben und navigierend die Ebenen von Denken, Erleben, Handeln des Klient*innensystems genau zu erfragen.

Beispielfragen für Skalierungen sind:

- „Angenommen der Beratungsprozess zwischen uns ist für Sie nützlich, welchen Wert auf der Skala würden Sie gern erreichen?“
- „Was genau ist der nächste sichtbare Schritt auf der Skala?“

- „Wie fühlt es sich auf dem Wert x an?“
- „Welche körperlichen Regionen sind wahrnehmbar? Wie intensiv ist das Gefühl dort genau?“
- „Wie schaffen Sie es, trotz der aktuellen Herausforderungen auf dem Wert y zu bleiben?“
- „Woran würden Sie merken, dass Sie beim Wert x angekommen sind?“
- „Wer würde merken, dass Sie auf der x sind? Woran genau? Und woran noch? Wie reagiert Z dann?“
- „Welche inneren Bilder entstehen bei Ihnen?“

Das Arbeiten mit Skalierungen verschränkt sich mit sämtlichen oben beschriebenen Haltungsaspekten und wird insbesondere von Wertschätzung und Neugier getragen. Indem die beratende Person fragend ins genaue Verstehen-Wollen geht, kann Skalierungsarbeit zeitintensiv sein. Gleichzeitig ist sie förderlich auf der Ebene des Arbeitsbündnisses, hilft bei der Informationsgewinnung und gibt zudem dem*der Klient*in ein Selbstwirksamkeitswerkzeug an die Hand.

Skalierungstechniken in Formaten systemischer Beratung(en):

- fordern Genauigkeitsherstellungen ein
- markieren einen Status quo (Ressourcenwürdigung, Anerkennung von Belastungserleben)
- machen Dynamiken und Entwicklungen sichtbar
- sensibilisieren für Beobachtungen und Wahrnehmungen
- machen Unterschiedserleben möglich
- konkretisieren Zieldefinitionen

- fördern emotionale und/oder somatische Eigenwahrnehmung
- verflüssigen Verkrustungszustände: Nichts ist immer gleich!
- …

4.8 Verschlimmerungsfragen

Verschlimmerungsfragen können einerseits als Pendant zur Wunderfrage oder deren Variationen verstanden werden, andererseits setzen auch sie am aktiven Gestaltungsspielraum und den Lösungskompetenzen des Klient*innensystems an. Indem sie bei der Fähigkeit der Klient*innen zur Verschlechterung ansetzen und detailliert den Aufmerksamkeitsfokus auf Handlungs-, Einstellungs- oder Wahrnehmungsparameter richtend en détail erfragen, führen sie – *ex negativo* – Machterleben in Beratungskontexte ein. Wenn Menschen in der Lage sind, ihr sogenanntes Problem aktiv zu verschlimmern, könnten diese Stellschrauben durchaus als Ansatzpunkte für Verbesserungen von Interesse sein (vgl. Mücke, 2019a, S. 311, 2019b, S. 285ff.). Wichtig hierbei ist es, bei Verschlimmerungsfragen keine allgemeinen Katastrophisierungsideen zu erfragen oder Dinge, die nicht beeinflussbar sind, zu eruieren. Verschlimmerungsfragen zielen ausdrücklich nicht darauf ab, das Subjekt als Objekt des Schicksals zu denken, sondern das Subjekt als (hypothetisches) Subjekt des eigenen Unglücks zu zeichnen. Das Grundprinzip der aktiven Unglücksgestaltung wird sehr anschaulich von Paul Watzlawick in *Anleitung zum Unglücklichsein* (1983/2009) sowie *Vom Schlechten des Guten oder Hekates Lösungen* (1986/2005b) beschrieben.

Fragebeispiele sind:

- „Wie ich bereits erwähnt habe, stelle ich ja manchmal etwas seltsame Fragen ..."
- „Angenommen Sie wollten Ihr Symptom/Problem bewusst verschlechtern, wie könnten Sie das am besten schaffen? Wie noch? Wie noch? ..."
- „Wer könnte Ihnen dabei so richtig gut helfen? Wen dürften Sie da eher nicht treffen?"
- „Was müssten Sie tun, um Ihr Problem für immer zu behalten?"
- „Was könnten Sie konkret tun, um innerhalb einer Woche gekündigt zu werden?"
- „Was könnten Sie genau machen, damit Sie Ihr*e Partner*in innerhalb der nächsten drei Tage verlässt?"

Verschlimmerungsfragen sind neben der Bearbeitung von konkreten Aufträgen auch in Anfängen von Beratungsprozessen, in denen Unfreiwilligkeitsthemen, unausgesprochene Skepsis oder negative Vorerfahrungen mit Beratungen eine Rolle spielen, sinnvoll. Hier können Fragen dieses Typs *angemessen ungewöhnlich* Bedenkenshorizonte von Klient*innensystemen erfragen und somit Justierungen auf der Ebene des Arbeitsbündnisses ermöglichen.

Fragebeispiele hierfür:

- „Darf ich Ihnen vielleicht mal eine etwas komische Frage stellen?"
- „Was könnte ich heute hier machen, sodass Sie sagen, es war die schlechteste Beratung aller Zeiten?"
- „Was müsste hier in der Beratung passieren, sodass Sie nie mehr wiederkommen?"

- „Was könnte ich genau machen, dass Sie sich unwohl fühlen?"
- „Wie müsste ich mich verhalten, sodass Sie sicher wären, ich bin auf der Seite Ihres*Partners*Ihrer Partner*in?"

4.9 Zirkuläre Fragen

Wohl keine andere Technik steht so paradigmatisch für systemische Beratung wie zirkuläres Fragen. Gleichzeitig bringen die Omnipräsenz und sofortige Assoziation von systemischem Arbeiten mit zirkulären Fragen Unschärfen und Trivialisierungen mit sich. Wie bereits in Kapitel 3 ausgeführt, bestimmt sich systemische Beratung insbesondere über (theoretisch eingebettete) Haltungsaspekte und nicht über das bloße Anwenden von Techniken oder Methoden. Insbesondere vor dem Hintergrund der Beobachtung, dass – und dies ist kein Alleinstellungsmerkmal systemischer Beratung – beraterische Techniken im Zuge von Ökonomisierungsprozessen in Bildungskontexten in noch so kleine Mikrofortbildungen für Berufsgruppen schwappen, in denen Gespräche mit Menschen stattfinden, jedoch ohne zugleich mit substanziellen Beratungskompetenzen, Theorie- und Erfahrungswissen sowie Reflexivität einherzugehen, zieht zirkuläres Fragen auf den ersten Blick eine Banalität nach sich. Auf den zweiten Blick eröffnen sich durch Verknüpfungen von Wissen zu Kybernetik zweiter Ordnung und vor dem Hintergrund systemischer Haltungen enorme Tiefenqualitäten sowie ein Verständnis für die Machtpotenziale dieser Technik. Demgemäß ist die Bedeutsamkeit eines Tiefenverstehens der zirkulären Frage für systemische Beratung kaum zu überschätzen.

> Sie ist in ihrer Wichtigkeit für die systemische Praxis eigentlich nur mit der Bedeutung der Traumdeutung für die Psychoanalyse vergleichbar. Beides sind Methoden, die den Blick auf einen Bereich von Phänomenen eröffnen, der üblicherweise nicht systematisch beobachtet wird und daher nicht ins Bewußtsein tritt. Beides sind Methoden, die es dem außenstehenden Beobachter erlauben, Ideen über diejenigen Prozesse zu entwickeln, die dafür sorgen, dass ein System so funktioniert, wie es funktioniert. So wie die Traumdeutung es dem außenstehenden Beobachter ermöglicht, einen Blick auf die Logik intrapsychischer Prozesse zu richten, ermöglicht es das zirkuläre Fragen, Ideen über die Logik der Spielregeln sozialer Systeme zu entwickeln. (Simon & Rech-Simon, 2020, S. 7f.)

Tatsächlich wird der Begriff der zirkulären Frage innerhalb systemischen Arbeitens nicht einheitlich verwendet. Einerseits dient zirkuläres Fragen als Oberbegriff für systemische Frageformen und Interviewtechniken, andererseits bezeichnet es die konkrete Fragetechnik, welche nach Perspektiven bzw. verschiedenen Beobachtungspositionen fragt (vgl. Simon & Simon-Rech, 2020; Simon, 2022). Im Sinne der Ursprungswürdigung der Verwendungslogik durch die Mailänder Gruppe sowie einer Präzisierungsverfolgung spricht vieles dafür, den Begriff der zirkulären Frage für die konkrete Fragetechnik zu verwenden, und wird im Rahmen dieses Buches auch so umgesetzt.

Wie in Kapitel 2 ausgeführt, wurde das Prinzip von Zirkularität als Methode von der Gruppe um Mara Selvini Palazzoli zu Beginn der 1980er-Jahre in den systemischen Diskurs eingeführt. Im konkreten beraterisch-therapeutischen Handeln zielte sie auf das Einführen von Unterschieden und das Gewinnen von Informationen, indem in der Arbeit mit Familiensystemen anwesende Personen im triadischen Modus zu Beziehungsverhältnissen befragt wurden (Selvini Palazzoli et al., 1981, S. 282ff.).

In den letzten Jahrzehnten hat sich diese Frageform in Kontexten der Arbeit mit anwesenden Mehrpersonensystemen einerseits bewährt und etabliert, andererseits hat sich zirkuläres Fragen im Zusammenspiel von Theorie und Praxis entwickelt, modifiziert und erweitert (siehe Tabelle 5).

„Zirkuläre Fragen können sich auf Sichtweisen von anwesenden oder abwesenden, beteiligten und unbeteiligten Personen oder auch auf innere Anteile und fiktive Personen beziehen" (Lindemann, 2023, S. 216). Sie sind in sämtlichen systemischen Formaten anwendbar und können sowohl in der Arbeit mit Mehrpersonensystemen, Familien, Dyaden als auch Einzelpersonen verwendet werden. Sofern auch Außenperspektiven auf eigene Anteile, Rollen oder Ego-States eingefangen werden, ist es darüber hinaus möglich, zirkulär mit einer Person (als eigenes System) zu arbeiten. Zudem wird durch ein mögliches Koppeln dieser Perspektivspiele mit hypothetischen Navigationseinladungen zwischen den Zeithorizonten von Vergangenheit, Gegenwart und Zukunft ein enormer Facettenreichtum geschaffen. Jedes dieser Formate, jede Reflexionsfolie von Beobachtungspositionen, jede dieser Verschränkungen schafft besondere Möglichkeiten der Unterschiedsbildung (vgl. Kindl-Beilfuß, 2012, 2015; Lindemann, 2023, S. 216ff.; von Schlippe & Schweitzer, 2019; Schweitzer & Fliegel, 2022, S. 535f.; Simon & Simon-Rech, 2020; Simon, 2022).

Tabelle 5: *Zirkuläre Fragen (Quelle: Eigene Darstellung in S. 216ff.; Simon & Simon-Rech, 2020; Simon, 2022; Selvini*

Zeithorizont / Beobachtende Position	Vergangenheit
Reale Person(en) – Mehrpersonensystem – Anwesend Klassisches Format gemäß Mailänder Gruppe. In der Arbeit mit Mehrpersonensystemen wird nach beobachtenden Positionen von anwesenden Personen gefragt.	• *Wie hat sich die Beziehung der Eltern verändert, nachdem die Tochter in die Klinik gekommen ist?* • *Was denken Sie hat Ihr Vater damals gefühlt, als er von der Diagnose Ihrer Mutter erfuhr?*
Reale Person(en) – Einzel, Dyade oder Mehrpersonensystem – Abwesend Ab mindestens einem*einer Klienten*in kann zirkulär nach Beobachtungspositionen gefragt werden, die auch Perspektiven abwesender, jedoch realer Personen erkunden.	• *Was hätte sich Ihr*e Lehrer*in damals von Ihren Eltern gewünscht?* • *Was hat Ihr Trainer damals heimlich an Ihnen bewundert?*
Fiktive Person(en), Objekte, kulturelle, metaphorische Rollen Ab mindestens einem*einer Klienten*in kann zirkulär nach Beobachtungspositionen von fiktiven Personen, Held*innen, Anti-Held*innen, kulturellen Subjekten, Tieren oder Gegenständen gefragt werden.	• *Was würde Ihr Lieblingskuscheltier aus Ihrer Kindheit als Ihre erste Superkraft beschreiben?* • *Was hätte Sie damals zum*zur besten Freund*in von Pipi Langstrumpf qualifiziert?* • *Wie würde der Titel des Buches lauten, das Ihr Lieblingsspielzeug über Ihre Kindheit schreiben würde?*

Anlehnung an Kindl-Beilfuß, 2012, 2015; Lindemann, 2023, Palazzoli et al., 1981)

Gegenwart	Zukunft
• *Wenn A wütend wird und B anschreit, wie reagiert dann C?* • *Was denken Sie, wie fühlt sich Ihr*e Partner*in gerade, wenn er*sie hier sieht, wie Ihr gemeinsamer Sohn weint?*	• *Angenommen A würde ausziehen. Wie würden B und C reagieren?* • *Wenn die Arbeitsverdichtung in Ihrem Unternehmen so weitergeht, wer wird das Team als Erstes verlassen?*
• *Wenn ich Ihre Kollegin fragen würde, wie sie die aktuellen Arbeitsbedingungen erlebt, was würde sie sagen?* • *Wie würde es Ihr*e Vorgesetzte*r beschreiben?* • *Und ein*e Praktikant*in?*	• *Wofür werden Ihre Kinder Ihnen später einmal dankbar sein?* • *Was werden Ihre aktuellen Konkurrent*innen später einmal an Ihnen bewundern?* • *Wenn sich fünf Ihrer schwierigsten Klient*innen in 10 Jahren treffen würden, welche positiven Erinnerungen an Sie würden sie austauschen?* • *Was würden diese Klient*innen als besonders professionell benennen?*
• *Wenn Sie einem Alien erklären müssten, was Liebeskummer ist, wie würden Sie dies beschreiben?* • *Wie würde Wonderwoman dieses Problem lösen?* • *Wie würde Ihr Schreibtisch das aktuelle Betriebsklima beschreiben?*	• *Wie würden Sie dem Lieblingskuscheltier Ihres zukünftigen Kindes erklären, was Freundschaft ist?* • *Angenommen, Sie pflanzen in Ihrem Unternehmen morgen einen Teambaum. Was würde dieser Baum in 20 Jahren über den Kern der Unternehmenskultur berichten?*

Zeithorizont / Beobachtende Position	Vergangenheit
Ego-States/innerer Anteil/Rolle Beobachtungsposition(en) auf sich selbst, die innere Anteile, Rollenfacetten und Ego-States in zeitlichen Zusammenhängen erfragen. **Wichtig:** Erst durch die selbstbeobachtende Außenperspektive werden Ich-Perspektiven zirkulär erweitert!	• *Wenn Sie an einen Zeitpunkt in Ihrem Leben denken, an dem Sie ein ähnliches Thema hatten, welchen Ratschlag würde Ihr damaliges Ich Ihnen für heute geben?* • *Wie würde Ihr 8-jähriges Ich auf Ihr heutiges Leben schauen?*

4.10 Weitere Methoden

Für den weiteren Beratungsprozess bieten sich im systemischen Arbeiten auch Methoden an, die das narrative Setting erweitern oder aufbrechen können, indem beispielsweise Körperarbeiten (Embodiment), Biografiearbeit oder kreativ gestalterische Methoden andere Erfahrungsebenen adressieren. Diese Methoden und Techniken sind etwa dann hilfreich, wenn konkrete komplexe Themen bearbeitet werden oder verkopftes Empfinden durch das Navigieren in andere Erfahrungsformate ergänzt werden könnte. Gleichzeitig sei betont, dass eine von Vertrauen und Offenheit getragene Beziehung zwischen Berater*in und Klient*in „die wichtigste Dimension einer jeden Beratungskonstellation“ (Nestmann, 2014b, S. 791) darstellt.

Gegenwart	Zukunft
• *Welcher Ihrer Inneren Anteile fühlt sich im Moment am wohlsten? Welcher fühlt sich wenig gesehen und würde gern mehr ins Rampenlicht kommen?*	• *Wenn Sie gedanklich in die Zukunft gehen, woran genau würden Sie merken, dass die Beratung für Sie nützlich war?* • *Wenn Sie gedanklich zu einem Zeitpunkt in Ihrem zukünftigen Leben springen würden, an dem Sie wohlwollend und voller Selbstmitgefühl auf sich hier und heute blicken würden, welchen Wunsch würden Sie Ihrem gegenwärtigen Ich gern zuflüstern?*

Beispiele für weitere Erfahrungsebenen:

➢ Aufstellungsarbeiten: Beschreiben Arbeitsweisen, die mit szenischem Aufstellen von Systembeteiligten oder Repräsentant*innen/Stellvertreter*innen operieren. Zu den bekanntesten Formen gehört das mit Virginia Satir assoziierte Format der Familienskulptur, wonach ein Familienmitglied gebeten wird, die eigene Wahrnehmung von Familienbeziehungen in ein personales Bild (analog einem Denkmal) zu überführen und so die konkreten Familienmitglieder raum-körperlich zu arrangieren.

➢ Genogramm: Bezeichnet die grafische Darstellung von Familien über mehrere Generationen anhand vorgegebener und meist standardisierter Symbole. Üblicherweise werden drei Generationen eines Familiensystems visualisiert und die Basisinformationen (Lebensdaten, Krankheiten, Beruf, Ortswechsel) der einzelnen Beteiligten festgehalten. Das Genogramm dient der Hypothesenbildung und kann für die Arbeit zu Glaubenssätzen, Loyalitäten oder Familientabus genutzt werden, zumal Genogrammarbeit auch eine Form von Biografiearbeit darstellt.

- Hausaufgaben: Für die Zeiträume zwischen den Beratungen können in Formaten systemischer Beratung(en) Hausaufgaben formuliert werden. Je nach Kontext und Auftrag ist es möglich, kreative Beobachtungs- oder Verhaltensaufgaben zwischen den einzelnen Sitzungsterminen anzubieten und diese dann in den Sitzungen zu besprechen. Denkbar sind auch schriftliche Formen, wie einen Brief (an sich selbst) zu schreiben, eine Geschichte oder ein Märchen zu formulieren.
- Humor: Bewegt sich an der Grenze von beraterischer Haltung und konkreter Technik. Humor auf Basis von Wertschätzung kann dazu beitragen, trancehaftes Erleben von Schwere und Hoffnungslosigkeit zu unterbrechen und durch angemessene Irritation Zuversicht und Leichtigkeit anzubieten. Lachen kann mit Entängstigung, Stressreduktion und Entlastungserleben einhergehen. In dieser Hinsicht kann Humor zum Aufbau und zur Vertiefung des Arbeitsbündnisses beitragen.
- Lebensflussmodell: Als intensive Form von Biografiearbeit dient die Timeline-Arbeit zur biografischen Beschau des eigenen Lebens. Die Arbeit mit dem Lebensfluss wird oftmals anhand eines auf dem Boden ausgelegten Seils durchgeführt, wobei relevante Meilen-

steine/Ereignisse der Biografie erfragt und mit dem Erzählen von Ressourcengeschichten kombiniert werden. Das Durchwandern des eigenen Lebens entlang von Ressourcennarrationen kann kreativ mit Symbolen oder Fotos verknüpft werden.

- Paradoxe Interventionen: Umfassen Techniken, die zum Beibehalten oder zu einer gezielten Verschlimmerung des „Problems“ auffordern. Als kontradiktorische Handlungsanweisungen können z. B. Symptome als Hausaufgabe verschrieben und Klient*innen aufgefordert werden, diese täglich aktiv zu festen Zeiten herzustellen.
- Reframing: Bezeichnet das Umdeuten oder Neurahmen von Begriffen oder als schwierig erlebtem Verhalten als Spielart von Wirklichkeitskonstruktionen. So kann Schwere-Erleben aufgeweicht, können Verkrustungen verflüssigt und alternative Sinn- oder Bedeutungskontexte angeboten werden.
- Ressourcentagebuch: Stellt eine Form der Möglichkeiten von Hausaufgaben dar und umfasst das kontinuierliche Dokumentieren sowie Sammeln von selbstbeobachteten oder rückgemeldeten Ressourcen in einem selbstgeführten Journal/Tagebuch.
- Systembrett: Hierunter ist das Arbeiten mit kleinen Figuren (meist Holz) auf einem quadratischen oder runden Brett zu verstehen. Die Figuren symbolisieren den*die Indexklient*in und dessen*deren soziale Welt, welche er*sie aufstellt. Beobachtungen zu Nähe und Distanz der Figuren können ebenso wie das Einnehmen verschiedener Blickrichtungen zu neugierigem Verstehen einladen und via konstruktiver W-Fragen expliziert werden.

- Visualisierungen: Bezeichnet das bildliche und/oder imaginative Sichtbarmachen von Wirklichkeitsauffassungen. Hierüber können komplexe Zusammenhänge dargestellt werden, was Abstraktionen ebenso wie Distanzierungen vom Problemerleben durch Externalisierung ermöglicht. Kreative Anschlüsse sind auch denkbar durch Formen von Cartoons, Collagen oder Comics.

5 Ménage-à-trois? Systemische Beratung, systemische Therapie und systemische Psychotherapie

Wie gezeigt, kennzeichnet sich der systemische Ansatz von Beginn an in seinen Entwicklungslinien als multiprofessionelles Projekt, vorangetrieben von interdisziplinären Akteur*innen an verschiedenen Orten, teilweise gleichzeitig, aneinander anschließend, sich abgrenzend, aufeinander aufbauend oder sich widersprechend. Gerade weil der systemische Ansatz über Vielheit, Offenheit und Kreativität verfügt, wird es dann interessant, wenn Formate systemischen Arbeitens anschlusssuchend auf Strukturen und Anforderungen gesellschaftlicher Teilbereiche treffen, die nach anderen Regeln, Formalisierungsgraden und Logiken funktionieren. Dies lässt sich anhand der – vermeintlich – ganz einfachen Frage verdeutlichen: Was ist der Unterschied zwischen systemischer Beratung und systemischer Therapie?

5.1 Beziehungsstatus: Es ist kompliziert ...!

Als wäre es nicht ohnehin schwierig genug, das Verhältnis von Beratung und (Psycho-)Therapie trennscharf in den Komplexitäten gesellschaftlicher theoretischer und ökonomischer Einbettungen zu bestimmen (vgl. Kupfer et al., 2021), macht es der systemische Ansatz noch viel komplizierter. Denn anstatt der gängigen Binarität von Beratung und Psychotherapie findet sich hier ein dritter Parameter, die systemische Therapie. Die Debatten um die Verwendungsweisen der Begriffe, ihr damit einhergehender Genauigkeitsanspruch, ihre Zuständigkeiten, Gemeinsamkeiten, Unterschiede und Trennlinien werden innerhalb des systemischen Feldes lebhaft geführt und die Frage ist heikel. „Denn das Gebiet ist morastig, man kann also schnell ausrutschen, allenthalben kann man in Fallen tappen, in Wespennester stechen oder sich an Stacheldrahtzäunen verletzen“ (Ochs, 2020b, S. 29).

Wie in den Kapiteln 2 und 3 dieses Bandes gezeigt, hat sich der systemische Ansatz von Beginn an als multiprofessionelles Projekt verstanden, das zu keinem Zeitpunkt von ausschließlich einer Disziplin oder Profession oder gar namentlich fassbaren Vertreter*innen oder Gruppen getragen wurde. Schon gar nicht gab es im systemischen Ansatz eine Gründungsinstanz und eine von Schulen geprägte Form, die Kategorisierbarkeiten anböte. Dadurch unterscheidet er sich markant von anderen Ansätzen wie zum Beispiel der Psychoanalyse oder dem personenzentrierten Ansatz (vgl. Levold & Wirsching, 2016; Schubert, Rohr & Zwicker-Pelzer, 2019). Und so lassen sich auch in den konkreten Praktiken und Schriften der Kybernetik erster und zweiter Ordnung zahlreiche und mannigfaltige Umgangsweisen mit Therapie und Beratung beobachten. Teilweise wurden die Begriffe synonym, alternierend oder in Bindestrichlogiken verwendet, teilweise wurde von therapeutischem Handeln gesprochen, aber beraterische Kontexte beschrieben, zumal systemisches Arbeiten in seinen Entwicklungslinien keineswegs ausschließlich auf medizinische Kontexte oder den heilkundlichen Sektor beschränkt war.

5.2 Systemische Therapie

Systemische Therapie hat ihren Ursprung im systemischen Ansatz, also den drei Entwicklungszusammenhängen von Systemtheorie, Konstruktivismus sowie der Praxis Systemischer (Familien-)Therapie in den historischen Entwicklungslinien seit den 1950er-Jahren. Während eine allgemein gängige Unterschiedsmarkierung von Therapie gegenüber Beratung dahin gehend bestimmt wird, dass (Psycho-)Therapie sich auf „Störungen mit Krankheitswert" (Engel, Nestmann & Sickendiek, 2014, S. 37) bezieht, traditionell unidisziplinär (psychologisch) oder bidisziplinär (medizinisch und psychologisch) orientiert (Nestmann, 2002) und damit im Heilungsdiskurs zu verorten ist (Großmaß, 2014, S. 94), erweist sich diese Differenzlogik im systemischen Ansatz als inadäquat, da dieser als „transdisziplinäres und multiprofessionelles Projekt" (Schwing, 2016b, S. 151) angelegt ist und „sich aus keiner einzelnen akademischen Disziplin alleine ableiten" (Levold, 2016, S. 15) lässt. Systemische Beratung und systemische Therapie weisen sowohl hinsichtlich der Grundhaltung, des Vorgehens und der verwendeten Methoden ein hohes Maß an Gemeinsamkeiten auf.

Insbesondere vor dem Hintergrund des multi- und transdisziplinären Charakters systemischen Arbeitens (Levold, 2020, S. 352) ist eine definitorische Leitdifferenz von systemischer Beratung und systemischer Therapie schwierig, nicht zuletzt auch deshalb, weil es weder *die* systemische Beratung noch *die* systemische Therapie gibt, sondern beide Interventionsformen ein dynamisches und plurales Paradigma beschreiben und „je nach Zählweise bis zu

16 unterschiedliche Schulen repräsentieren“ (Weinhardt, 2018, S. 23). Während einige Autor*innen beide Termini entweder gezielt synonym (Klein & Kannicht, 2020, S. 8) bzw. alternierend verwenden (Schwing & Fryzser, 2016, S. 13), wird systemische Therapie von anderen wiederum „als ein besonderer Kontext systemischer Beratung, nämlich als ein Heilverfahren im Gesundheitswesen“ (von Schlippe & Schweitzer, 2016, S. 31) verstanden. Realtypisch ist systemische Therapie, wie sie sich seit den 1980er-Jahren formiert hat, jedoch nicht auf den Gesundheitsdiskurs oder klinische Kontexte beschränkt, sondern findet heterogene Anwendungsformen jenseits des Heilungsauftrags, insbesondere in psychosozialen Hilfekontexten und Bereichen der Jugendhilfe. Hierbei handelt es sich nicht nur um Nischen, vielmehr erweitern sich die konkreten Felder systemischer Therapie kontinuierlich. Und tatsächlich sind aktuell „Systemische Therapeutinnen [...] nun größtenteils keine approbierten Heilkundlerinnen [...], sondern Sozialarbeiterinnen/-pädagoginnen“ (Ochs, 2020b, S. 53).

Handlungsfelder systemischer Therapie sind hierbei in der Vielfältigkeit der „diffusen Allzuständigkeit“ (Dewe & Otto, 2018, S. 1863) Sozialer Arbeit, aber auch in verwandten Kontexten beobachtbar und finden sich als Antwort auf Bedarfe nach hochspezialisierter Expertise bei komplexen Phänomenen an Scharnierstellen von Individuum und Gesellschaft.

Beispiele für systemische Therapie (hierzu Kuhnert & Berg, 2020):

- Aufsuchende Familientherapie
- Erziehungsberatung

- Systemische Therapie mit Straffälligen und deren Familien
- Systemische Suchttherapie
- Täter*innenberatung im Kontext häusliche Gewalt und Stalking
- Hospizarbeit
- Stationäre Jugendhilfe
- Therapeutisches Einzel- und Gruppenwohnen
- Systemische Seelsorge
- Systemische Therapie in der Arbeit mit geflüchteten Menschen
- …

Der Begriff systemische Therapie ist gesetzlich nicht geschützt, das heißt, er ist nicht auf einen bestimmten Anwendungsbereich begrenzt oder einer bestimmten Berufsgruppe vorbehalten, was sich in einer Heterogenität der Verwendungsweisen und Zertifizierungen niederschlägt. In den Leitlinien zu den Curricula der beiden mitgliedsstärksten systemischen Verbände in Deutschland (SG, DGSF) setzt die Aufbauweiterbildung in systemischer Therapie den Abschluss der Weiterbildung „Systemische Beratung" (oder „Systemische Supervision" in der SG bzw. „Systemisches Coaching" in der DGSF) voraus und vertieft in 380 Unterrichtseinheiten (DGSF) bzw. 450 (SG) Unterrichtseinheiten erworbene Beratungsroutinen in einer ein- bis anderthalbjährigen Weiterbildung. Bemerkenswerterweise wird in den Aufbauweiterbildungen nicht nur die traditionelle grundberufliche Offenheit eines human- oder sozialwissenschaftlichen Studiums als Voraussetzung – also das systemische Paradigma in dessen Multiprofessionalität –

fortgesetzt. Auch in der sprachlichen Gestaltung der Richtlinien für die Aufbauweiterbildung werden Therapie und Beratung verschränkt, amalgamiert und teilweise synonymisiert. Beispielsweise sind bei der SG 200 Lehreinheiten „therapeutische Praxis in Form dokumentierter Beratungsarbeit in mindestens 4 Prozessen" nachzuweisen (vgl. SG, 2022). Bei der DGSF werden beide Bezeichnungen gleichrangig verwendet, indem die „Therapeutische/beraterische Haltung" adressiert wird und „Therapeutische Praxis/Beratungspraxis" nachzuweisen ist (vgl. DGSF, 2022).

Dementsprechend erlaubt sich für das systemische Paradigma – in den ansonsten dichotom geführten Fragen nach den Differenzierungsmarkierungen von Therapie und Beratung – eine Beobachtungsposition, von der aus sich eine Art Falte auftut, in der ein Drittes bestimmbar ist. „Unter Systemischer Therapie ist eine spezialisierte Form Systemischer Beratung zu verstehen, die sich unmittelbar auf den Systemischen Ansatz bezieht. Sie ist dabei nicht mit der ‚Psychologischen Psychotherapie im Vertiefungsgebiet Systemische Therapie' […] gleichzusetzen" (Paulick, 2020c).

5.3 Systemische Psychotherapie

Nach intensiven Bemühungen durch die SG und DGSF (und nach einer Ablehnung des ersten Versuchs 1998) wurde systemische Therapie 2008 in Deutschland durch den wissenschaftlichen Beirat Psychotherapie (für die Bereiche Kinder und Jugendliche sowie für Erwachsene) als wissenschaftlich anerkanntes Therapieverfahren eingestuft (Kriz, 2014, S. 300; Bundesärztekammer, 2009, S. 208) und dessen Wirksamkeit anerkannt. Neben den psychoanalytisch begründeten Verfahren und der Verhaltenstherapie ist systemische Therapie (als Psychotherapieverfahren) durch Beschluss des Gemeinsamen Bundesausschusses (G-BA) vom 22.11.2019 (Inkrafttreten am 24.01.2020) als Leistung der gesetzlichen Krankenkassen für die Behandlung Erwachsener möglich (G-BA, 2020a). Der Antrag auf Nutzenbewertung für den Einsatz des Verfahrens bei Kindern und Jugendlichen durch den G-BA ist in Vorbereitung.

> Psychotherapie als ambulante Leistung der gesetzlichen Krankenversicherung umfasst nach der Psychotherapie-Richtlinie des G-BA die Behandlung seelischer Krankheiten. Als seelische Krankheit wird im Sinn der Richtlinie eine krankhafte Störung der Wahrnehmung, des Verhaltens, der Erlebnisverarbeitung, der sozialen Beziehungen und der Körperfunktionen verstanden. Es gehört zum Wesen dieser Störungen, dass sie der willentlichen Steuerung durch die Patientin oder den Patienten nicht mehr oder nur zum Teil zugänglich sind. (Gemeinsamer Bundesausschuss, 2020b)

Entsprechend des G-BA definiert sich systemische Therapie als Psychotherapieverfahren wie folgt:

> § 18 Systemische Therapie
> (1) Die Systemische Therapie fokussiert den sozialen Kontext psychischer Störungen und misst dem interpersonellen Kontext eine besondere ätiologische Relevanz bei. Symptome werden als kontraproduktiver Lösungsversuch psychosozialer und psychischer Probleme verstanden, die wechselseitig durch intrapsychische (kognitivemotive), biologisch-somatische sowie interpersonelle Prozesse beeinflusst sind. Theoretische Grundlage sind insbesondere

> die Kommunikations- und Systemtheorien, konstruktivistische und narrative Ansätze und das biopsychosoziale Systemmodell. Grundlage für Diagnostik und Therapie von psychischen Störungen im Sinne dieser Richtlinie ist die Analyse der Elemente der jeweiligen relevanten Systeme und ihrer wechselseitigen Beziehungen, sowohl unter struktureller als auch generationaler Perspektive und eine daraus abgeleitete Behandlungsstrategie. Der Behandlungsfokus liegt in der Veränderung von symptomfördernden, insbesondere familiären und sozialen Interaktionen, narrativen und intrapsychischen Mustern hin zu einer funktionaleren Selbst-Organisation der Patientin oder des Patienten und des für die Behandlung relevanten sozialen Systems, wobei die Eigenkompetenz der Betroffenen genutzt wird. (G-BA 2020a, S. 138)

Im Unterschied zur systemischen Therapie, die sich aus human- und sozialwissenschaftlichen Grundprofessionen rekrutiert, sind die Zugangsmöglichkeiten zur Ausbildung „Psychologische Psychotherapie im Vertiefungsgebiet Systemische Therapie“ durch das Psychotherapeutengesetz (PsychThG) geregelt und damit nach den bisherigen Regelungen ausschließlich psychologischen Psychotherapeut*innen und ärztlichen Psychotherapeut*innen vorbehalten. Mit dem Gesetz zur Reform der Psychotherapeutenausbildung (PsychThGAusbRefG) vom 15. November 2019 wurde die Ausbildung von Psychotherapeut*innen ab 1. September 2020 grundlegend verändert und nun in Form eines Direktstudiums an Universitäten (Abschluss mit Approbation; Berufsabschluss als Psychotherapeut*in) sowie einer anschließenden fünfjährigen Weiterbildung in Vollzeit in sozialversicherungspflichtiger Anstellung (Erlaubnis zum Führen der Bezeichnung „Fachpsychotherapeut*in") realisiert, die den Zugang zum Versorgungssystem der gesetzlichen Krankenversicherung eröffnet (für Ausbildungen nach dem bisherigen System sind dabei Übergangsfristen von 12 bzw. in Härtefällen 15 Jahren vorgesehen). Die Gesetzesnovelle markiert eine deutliche Grenzziehung zwischen heilkundlicher Psychotherapie und anderen Formen psychosozialer Hilfen und Uni- versus Multidisziplinarität scheint damit noch deutlicher zu einem zentralen Unterscheidungskriterium zwischen Psychotherapie und Beratung (und systemischer Therapie im oben beschriebenen Sinne) zu werden.

5.4 Kritiklinien und offene Fragen

Innerhalb des systemischen Paradigmas ist das verbändepolitische Beschreiten in Richtung heilkundlicher Psychotherapie hochumstritten, zumal es die Frage aufwirft, inwieweit dieses Format noch dem systemischen Ansatz zuzuordnen ist. Die Debatten kreisen um Fragen von Menschenbildern, Wissensformen und erkenntnistheoretische Referenzen, um ethische Aspekte genauso wie konkrete rechtliche Einbettungen, es geht um diskursive Praktiken, sprachliche Benennungen und etwaige sprachliche Diskriminierung, aber auch um Fragen von Haltung, Standards, Ausbildungsformaten und Qualifikationsprozessen, um ökonomische Belange, Identität(en), Verbandsinteressen, um Zugriffslogiken und um Macht. Unmöglich die seit gut eineinhalb Jahrzehnten geführte Debatte adäquat im Rahmen dieses Bändchens einzufangen. Exemplarisch sollen zentrale Kritikpunkte, Kontroversen und Diskussionen[5] um ordnungsstiftende Kategorien vor dem Hintergrund der Offenheit der Situation anhand von Fragen gebündelt werden.

A) Wie steht es um die verbandspolitische Sinnhaftigkeit(en)?

Da die Fachpsychotherapie für eine Mehrheit der sich aus den Human- und Sozialwissenschaften (zumeist Soziale Arbeit) zusammensetzenden Mitglieder unzugänglich bleibt, stellt sich die Frage, inwieweit Mitgliedschaften, Interessensvertretungen und berufspolitische Vertretungen weiterhin sinnhaft erscheinen oder sich neue Organisationsformen herausbilden? Therapeutisieren und medizinisieren sich die bisher überwiegend von Humanwissenschaftler*innen, Sozialwissenschaftler*innen und Berater*innen getragenen systemischen Verbände? Verlassen systemische Berater*innen SG und DGSF und organisieren sich in neuen Formen und Strukturen? Fusionieren DGSF und SG zu einem Dachverband und gründen einen Unterverband für Psychotherapeut*innen? Inwieweit ist auch das „Abwandern" bzw. Organisieren von (approbierten) Psychotherapeuten*innen zu genuin stärker psychotherapeutisch ausgerichteten Verbänden, z. B. der DGVT e. V., denkbar? Inwieweit könnte beispielsweise die Expertise der DGVT zu konkreten berufspolitischen Fragen und prakti-

5 Dazu ausführlich vgl.: Berg & Kuhnert, 2020; Conen, 2006; Geyerhofer, Ritsch & Thoma, 2018; Kollar, 2023; Kriz, 2011; Kuhnert, 2020; Lieb, 2020; Levold, 2020, 2021; Mücke 2019a, 2019b; Ochs, 2020b; Retzlaff, 2011; Schweitzer & Fliegel, 2022; Schweitzer & v. Schlippe, 2016; Wahlster, 2020; Wenzel, 2020.

schen Anliegen gerade für Psychotherapeut*innen derart attraktiv werden, dass die Anschlüsse und Vertretungen von Interessen dort sinnvoller erscheinen? Inwieweit gelingt es den etablierten systemischen Verbänden ein Nebeneinander der Vielfalt zu orchestrieren und die (berufs-)politischen Interessen aller Mitgliedergruppen zu vertreten? Inwiefern können Befürchtungen von klassistischen Strukturen innerhalb der systemischen Verbände aufgelöst werden? Inwieweit lässt sich die Identität als berufsgruppenübergreifender Fachverband aufrechterhalten?

B) Endet das multi- und transdisziplinäre systemische Paradigma?

Unabhängig der verbandspolitischen Überlegungen bezieht sich eine Kritiklinie auf den (potenziell) zäsuralen Charakter, den die Bestrebungen bei der Krankenkassenanerkennung für das systemische Paradigma haben. Inwieweit wird damit ein zentrales Merkmal des systemischen Ansatzes aufgegeben?

Werden die Ausbildungen in systemischer Psychotherapie multi- und transdisziplinär erfolgen – wie es bisher in systemischen Ausbildungsformaten Tradition und Merkmal des systemischen Ansatzes ist? Wie wird es sich mit der disziplinären Vielfalt von Lehrenden verhalten? Inwieweit werden tatsächlich Lehrtherapeut*innen aus multiprofessionellen Kontexten Lernsettings arrangieren, insbesondere wenn es primär um sogenanntes „Störungsspezifisches Wissen“ geht? Welche Formen von Qualitätssicherungen werden für Ausbildungen, aber auch für Absolvent*innen (verpflichtende Fortbildungen, Supervision) standardisiert?

In welchen Funktionssystemen bewegen sich systemische Beratung, systemische Therapie und systemische Psychotherapie? Inwieweit können Ideen aus dem Konstruktivismus, Systemtheorien, Konstruktionismus mit den klassifikatorischen Diagnosesystemen und Erkenntnisordnungen von ICD-11 und DSM-V verbunden werden? Welche Aspekte systemischer Haltungen, Menschenbilder und Theoriemodelle sind mit dem „Andocken" an das sozialrechtlich-medizinische System weiterhin möglich? Oder ist eine Renaissance der Kybernetik erster Ordnung sowie eine Attraktivierung linear-kausaler Modelle wahrscheinlich? Inwiefern werden Therapien mit Mehrpersonensystemen tatsächlich zur Selbstverständlichkeit und in der konkreten Praxis auch handlungs-, organisations- und abrechnungspraktikabel? Oder wird die Einzeltherapie auch für das systemische Format zur Norm?

C) Pathologisierung der Psyche – „Störungen mit Krankheitswert" statt Kontext?

Wie genau werden systemische Modelle von nicht trivialen Maschinen, Kontextbezüge und Lösungsversuche und damit verbundene Sprachformen sich mit Diskursen von Pathologisierungen der Psyche, Semantiken der „Störungen mit Krankheitswert" (PsychThG § 1 Absatz 2) und Markierungen von Subjekten als Krankheitsträger*in vereinbaren lassen? Inwieweit bedeutet die sprachliche Verwendung der Störungs- und Krankheitsrhetorik der Seele auch eine Stigmatisierungspraxis und Form von Diskriminierung? Wie können ganz unterschiedliche Wissensordnungen, Machtpraktiken, rechtliche Referenzen und unterschiedliche institutionelle Aufträge als eine Idee, ein Paradigma umgesetzt werden? Inwieweit können traditionelle systemische Prämissen wie der Verzicht auf instruktive Steuerungsideen, heteronome Lenkungsversuche oder definitorische Wahrheitsdeutungen zu Expertise und Krankheitszuschreibungen mit den Logiken von ICD-11 und DSM-V sowie der Koppelung von Subjekten an Diagnosen, aber auch mit der Modularisierung von therapeutischem Vorgehen vereinbart werden? Inwieweit sind einheitliche ethische Richtlinien sinnvoll und umsetzbar?

In einem 2005 geführten Interview bringt der damals 80-jährige Helm Stierlin (immerhin von einigen als Wegbereiter der systemischen Familientherapie in Deutschland tituliert) die Kompliziertheiten des systemischen Ansatzes und dessen Versuche, als Hilfeformat zugleich kritisch zu bleiben, zur Sprache. Wohlgemerkt: einige Jahre vor der Anerkennung als Kassenrichtlinienverfahren. Nachdem Stierlin zunächst die Tendenzen zu Pathologisierung und zu linearen Kausalitätsbeziehungen in der gegenwärtigen systemischen Therapie und das Außer-acht-Lassen von Kontext konstatiert, kommt er auf die Schwierigkeiten mit den Benennungen systemischen Arbeitens zu sprechen. „Jeder dieser Begriffe – systemische Therapie, Psychotherapie, Familientherapie – hat problematische Seiten. Schon das Wort ‚Therapie' ist ein aus dem medizinischen Bereich übernommener Begriff, der Vorstellungen von Pathologie weckt. Systemiker tendieren [...] dazu, diese im Medizinbereich vorherrschende Perspektive aufzulösen" (Ritscher & Stierlin, 2018, S. 121). Gefragt nach einem Alternativbegriff antwortet Stierlin: „Der Begriff Beratung oder Konsultation bietet sich vielleicht an" (ebd.). Und hier könnte dieses Buch eigentlich ganz wunderbar genau mit diesem Zitat enden.

Eigentlich. Hätte Stierlin nicht noch Folgendes hinterhergeschoben und damit das systemische Dilemma antizipiert: „Aber es bleibt die Frage: Wie anschlussfähig sind diese Begriffe dann, wenn es sich um schwere Störungen, etwa psychotische Störungen, handelt?“ (ebd.).

Gäbe es ein Diskussionsformat namens *Das systemische Quartett* könnte auch dieses mit dem Verweis auf Berthold Brecht schließen:

„Wir stehen selbst enttäuscht und sehn betroffen
Den Vorhang zu und alle Fragen offen.“
(Berthold Brecht, 1943/1964, S. 144)

Literatur

Andersen, T. (2018). *Das Reflektierende Team: Dialoge und Dialoge über die Dialoge* (6. Auflage). Dortmund: Borgmann.

Asay, T. P. & Lambert, M. J. (2001). Empirische Argumente für die allen Therapien gemeinsamen Faktoren: Quantitative Ergebnisse. In M. A. Hubble, B. L. Duncan & S. D. Miller (Hrsg.), *So wirkt Psychotherapie. Empirische Ergebnisse und praktische Folgerungen* (S. 41–82). Dortmund: Verlag modernes Lernen.

Baecker, D. (2022a). Autopoiesis. In J. Wirth & H. Kleve (Hrsg.), *Lexikon des systemischen Arbeitens. Grundbegriffe der systemischen Praxis, Methodik und Theorie* (S. 63–66). Heidelberg: Carl-Auer.

Baecker, D. (2022b). System. In J. Wirth & H. Kleve (Hrsg.), *Lexikon des systemischen Arbeitens. Grundbegriffe der systemischen Praxis, Methodik und Theorie* (S. 470–472). Heidelberg: Carl-Auer.

Baethge, G., Deissler, K. G. & Reich, G. (2018). Ein Plädoyer für Nachhaltigkeit? (1980). In W. Ritscher, T. Levold, D. Foertsch & P. Bauer (Hrsg.), *Erkunden, erinnern, erzählen: Interviews zur Entwicklung des systemischen Ansatzes* (2., korrigierte Auflage, S. 71–87). Göttingen: Vandenhoeck & Ruprecht.

Barthelmess, M. (2016). *Die systemische Haltung: Was systemisches Arbeiten im Kern ausmacht.* Göttingen: Vandenhoeck & Ruprecht.

Bateson, G. (1982). *Geist und Natur. Eine notwendige Einheit.* Frankfurt a. M.: Suhrkamp.

Bateson, G., Jackson, D., Haley, J., Weakland, J. H., Wynne, L. C., Ryckoff, I. M. et al. (1984). *Schizophrenie und Familie.* Frankfurt a. M.: Suhrkamp. (Original erschienen 1956)

Berg, K. I. (2015). *Familien-Zusammenhalt(en): Ein kurztherapeutisches und lösungsorientiertes Arbeitsbuch* (10. Auflage). Dortmund: Verlag modernes Lernen.

Berg, M. & Kuhnert, T. (2020). Einführung: Systemisch denken, therapeutisch handeln – jenseits von Approbation und Heilauftrag. In T. Kuhnert & M. Berg (Hrsg.), *Systemische Therapie jenseits des Heilauftrags. Systemtherapeutische Perspektiven in der Sozialen Arbeit und verwandten Kontexten* (S. 15–23). Göttingen: Vandenhoeck & Ruprecht.

Blume, R. G. (2016). *Systemische Ethik: Orientierung in der globalen Selbstorganisation.* Göttingen: Vandenhoeck & Ruprecht.

Bohne, M. (2022). *Psychotherapie und Coaching mit PEP. Prozess- und embodimentfokussierte Psychologie in der Praxis* (2. Auflage). Heidelberg: Carl-Auer.

Bohne, M., Ohler, M., Schmidt, G. & Trenkle, B. (Hrsg.). (2019). *Reden reicht nicht!? Bifokal-multisensorische Interventionsstrategien für Therapie und Beratung* (2. Auflage). Heidelberg: Carl-Auer.

Böhnisch, L. (2019). *Lebensbewältigung. Ein Konzept für die Soziale Arbeit* (2., überarbeitete und erweiterte Auflage). Weinheim: Beltz.

Böhnisch, L. (2022). *Geschichte der sozialpädagogischen Ideen.* Weinheim: Beltz.

Böhnisch, L., Schröer, W. & Thiersch, H. (2005). *Sozialpädagogisches Denken: Wege zu einer Neubestimmung.* Weinheim: Beltz.

Böszörményi-Nagy, I. & Spark, G. (2015). *Unsichtbare Bindungen: Die Dynamik familiärer Systeme* (10. Auflage). Stuttgart: Klett-Cotta. (Original erschienen 1973)

Brecht, B. (1964). *Der gute Mensch von Sezuan.* Frankfurt a. M.: Suhrkamp. (Original erschienen 1943)

Brüggemann, H., Ehret, K. & Klütmann, C. (2016). *Systemische Beratung in fünf Gängen. Ein Leitfaden* (6., überarbeitete Auflage). Göttingen: Vandenhoeck & Ruprecht.

Bundesärztekammer (2009). Bekanntmachungen – Wissenschaftlicher Beirat Psychotherapie nach § 11 PsychThG: Gutachten zur wissenschaftlichen Anerkennung der Systemischen Therapie. *Deutsches Ärzteblatt, 106* (5), 208–211 (online). Verfügbar unter: https://www.aerzteblatt.de/pdf.asp?id=63232 [14.01.2024].

Caby, F. (2016). Reflektierendes Team. In T. Levold & M. Wirsching (Hrsg.), *Systemische Therapie und Beratung – das große Lehrbuch* (S. 250–255). Heidelberg: Carl-Auer.

Camenzind, G., Hörmann, M. & Silfverberg, M. (2023). *Medienkompetenz Blended Counseling. Ein Modell.* Tübingen: dgvt-Verlag.

Conen, M.-L. (2006). Systemische Therapie – ein Steinbruch. *Zeitschrift für systemische Therapie und Beratung, 24* (3), 122–126.

Conen, M.-L. & Cecchin, G. (2022). *Wie kann ich Ihnen helfen, mich wieder loszuwerden? Therapie und Beratung in Zwangskontexten* (8. Auflage). Heidelberg: Carl-Auer.

Deissler, K. & Selvini Palazzoli, M. (2018). „Es ist unmöglich, wirklich oder systemisch zu denken, weil wir die Sprache benutzen" (1979). In W. Ritscher, T. Levold, D. Foertsch und P. Bauer (Hrsg.), *Erkunden, erinnern, erzählen: Interviews zur Entwicklung des systemischen Ansatzes* (2., korrigierte Auflage, S. 25–54). Göttingen: Vandenhoeck & Ruprecht.

de Shazer, S. (2019). *Worte waren ursprünglich Zauber. Von der Problemsprache zur Lösungssprache.* Heidelberg: Carl-Auer.

de Shazer, S. (2022). *Der Dreh. Überraschende Wendungen und Lösungen in der Kurzzeittherapie* (15. Auflage). Heidelberg: Carl-Auer.

de Shazer, S. & Dolan, Y. (2020). *Mehr als ein Wunder. Lösungsfokussierte Kurztherapie heute* (7. Auflage). Heidelberg: Carl-Auer.

Deutsche Gesellschaft für Beratung (2010). *Essentials einer Weiterbildung Beratung/Counseling.* Verfügbar unter: https://dachverband-beratung.de/dokumente/DGfB_Weiterbildungsstandards _2010-3.pdf [24.07.2023].

Deutsche Gesellschaft für systemische Pädagogik e. V. (2019). *Mindeststandards für die Zertifizierung der Weiterbildungen. Übersicht über die Curricula in systemischer Beratung und Pädagogik.* Verfügbar unter: https://www.dgsp.org/wp-content/uploads/Curricula_Mindeststandards.pdf [12.08.2023].

Deutsche Gesellschaft für Systemische Therapie, Beratung und Familientherapie (2019). *Ethik-Richtlinien der Deutschen Gesellschaft für Systemische Therapie, Beratung und Familientherapie.* Beschlossen von der DGSF-Mitgliederversammlung am 18. September 2003 in Magdeburg. Änderung der Präambel und Änderung des Abschnitts „Onlineberatung“ durch Beschluss der DGSF-Mitgliederversammlung am 21. September 2016 in Frankfurt. Ergänzungen beschlossen von den DGSF-Mitgliederversammlungen am 11. Oktober 2007 in Ulm, am 3. Oktober 2012 in Freiburg und am 18. September 2019 in Hamburg. Verfügbar unter: https://www.dgsf.org/ueber-uns/ethik-richtlinien.htm [27.07.2023].

Deutsche Gesellschaft für Systemische Therapie, Beratung und Familientherapie (2022). *Richtlinien für die Zertifizierung der Weiterbildung „Systemische Therapie (DGSF)“ als Aufbauweiterbildung.* Beschlossen von der DGSF-Mitgliederversammlung am 21. September 2016 in Frankfurt. Änderung der Eingangsvoraussetzungen durch Beschluss der Mitgliederversammlung am 14. September 2022 in Dresden. Verfügbar unter: https://www.dgsf.org/zertifizierung/dgsf/zertifizierung-richtlinien/therapie-aufbau [12.08.2023].

Dewe, B. & Otto, H.-U. (2018) Wissenschaftstheorie. In H.-U. Otto, H. Thiersch, R. Treptow & H Ziegler (Hrsg.), *Handbuch Soziale Arbeit* (6., überarbeitete Auflage, S. 1833–1845). München: Ernst Reinhardt Verlag.

Emlein, G. (2017). Ivan Boszormenyi-Nagy und die „Kontextuelle Therapie“. *Familiendynamik, 42* (1), 76–78.

Engel, F., Nestmann, F. & Sickendiek, U. (2014). „Beratung“ – Ein Selbstverständnis in Bewegung. In F. Nestmann, F. Engel & U. Sickendiek (Hrsg.), *Das Handbuch der Beratung. Band 1: Disziplinen und Zugänge* (3. Auflage, S. 33–44). Tübingen: dgvt-Verlag.

Engel, F. & Sickendiek, U. (2005). Beratung – ein eigenständiges Handlungsfeld mit neuen Herausforderungen. *Pflege & Gesellschaft, 10* (4), 163–171.

Engelhardt, E. (2021). *Lehrbuch Onlineberatung* (2., erweiterte Auflage). Göttingen: Vandenhoeck & Ruprecht.

Foerster, H. von (1993). *KybernEthik.* Berlin: Merve.

Foerster, H. von (2020). *Wissen und Gewissen* (10. Auflage). Frankfurt a. M.: Suhrkamp.

Foerster, H. von & Pörksen, B. (2018). In jedem Augenblick kann ich entscheiden, wer ich bin. In B. Pörksen (Hrsg.), *Die Gewissheit der Ungewissheit. Gespräche zum Konstruktivismus* (4. Auflage, S. 19–45). Heidelberg: Carl-Auer.

Foerster, H. von & Pörksen, B. (2019). *Wahrheit ist die Erfindung eines Lügners. Gespräche für Skeptiker* (12. Auflage). Heidelberg: Carl-Auer.

Forum Beratung in der DGVT. Engel, F., Greive, M., Küchenmeister, K., Kupfer, A., Mayer, M., Nestmann, F., Paulick, C., Sickendiek, U. & Wesenberg, S. (2022). *Dritte Frankfurter Erklärung zur Beratung.* Verfügbar unter: https://www.dgvt.de/fileadmin/user_upload/Dokumente/2022-04-11-DritteFrankfurterErklaerung-ForumBeratung-DGVT.pdf [09.08.2023].

Furman, B. (2019). *Es ist nie zu spät, eine glückliche Kindheit zu haben* (8. Auflage). Dortmund: verlag modernes lernen. (Original erschienen 1997)

Furman, B. (2021). *Ich schaffs! Spielerisch und praktisch Lösungen mit Kindern finden – Das 15-Schritte-Programm für Eltern, Erzieher und Therapeuten* (9. Auflage). Heidelberg: Carl-Auer.

Furman, B. (2023). *Hey, das kannst du! Wie Fähigkeitsdenken Kindern hilft, Herausforderungen zu meistern.* Heidelberg: Carl-Auer.

Gaiswinkler, W. & Roessler, M. (2022). Nichtwissen. In J. Wirth & H. Kleve (Hrsg.), *Lexikon des systemischen Arbeitens. Grundbegriffe der systemischen Praxis, Methodik und Theorie* (S. 343–345). Heidelberg: Carl-Auer.

Gemeinsamer Bundesausschuss (G-BA) (2020a). Gutachten zur wissenschaftlichen Anerkennung der Systemischen Therapie. *Deutsches Ärzteblatt, 117* (3), 137–140 (online). Verfügbar unter: https://www.aerzteblatt.de/pdf.asp?id=212939 [14.01.2024].

Gemeinsamer Bundesausschuss (G-BA) (2020b). *Psychotherapie und psychiatrische Versorgung* [online]. Berlin: Gemeinsamer Bundesausschuss. Verfügbar unter: https://www.g-ba.de/themen/psychotherapie/ [14.01.2024].

Gergen, K. & Gergen, M. (2009). *Einführung in den sozialen Konstruktionismus.* Heidelberg: Carl-Auer.

Gester, W. & Satir, V. (2018). „Gesundheit im Zentrum" (1981). In W. Ritscher, T. Levold, D. Foertsch & P. Bauer (Hrsg.), *Erkunden, erinnern, erzählen: Interviews zur Entwicklung des systemischen Ansatzes* (2., korrigierte Auflage, S. 89–109). Göttingen: Vandenhoeck & Ruprecht.

Geyerhofer, S., Ritsch, M. & Thoma, C. (2018). Systemische Haltung und störungsspezifisches Wissen – vom Entweder-oder zum Sowohl-als-auch. *systeme, 32* (1), 61–89.

Großmaß, R. (2014). Psychotherapie und Beratung. In F. Nestmann, F. Engel & U. Sickendiek (Hrsg.), *Das Handbuch der Beratung. Band 1: Disziplinen und Zugänge* (3. Auflage, S. 89–102). Tübingen: dgvt-Verlag.

Hahn, K. (2022a). Ressource. In J. Wirth & H. Kleve (Hrsg.), *Lexikon des systemischen Arbeitens. Grundbegriffe der systemischen Praxis, Methodik und Theorie* (S. 394–397). Heidelberg: Carl-Auer.

Hahn, K. (2022b). Wunderfrage. In J. Wirth & H. Kleve (Hrsg.), *Lexikon des systemischen Arbeitens. Grundbegriffe der systemischen Praxis, Methodik und Theorie* (S. 515–518). Heidelberg: Carl-Auer.

Hanswille, R. (2015). Haltungen systemischer Therapeuten und Therapeutinnen. In R. Hanswille (Hrsg.), *Handbuch systemische Kinder- und Jugendlichenpsychotherapie* (S. 23–69). Göttingen: Vandenhoeck & Ruprecht.

Hanswille, R. (2022). Einführung. In R. Hanswille (Hrsg.), *Basiswissen. Systemische Therapie. Gut vorbereitet in die Prüfung* (S. 17–30). Göttingen: Vandenhoeck & Ruprecht.

Haselmann, S. (2008). *Psychosoziale Arbeit in der Psychiatrie – systemisch oder subjektorientiert? Ein Lehrbuch.* Vandenhoeck & Ruprecht.

Haselmann, S. (2022). Beratung. In J. Wirth & H. Kleve (Hrsg.), *Lexikon des systemischen Arbeitens. Grundbegriffe der systemischen Praxis, Methodik und Theorie* (S. 73–77). Heidelberg: Carl-Auer.

Hebenstreit-Müller, S. & Lepenies, A. (Hrsg.). (2007). *Early Excellence: Der positive Blick auf Kinder, Eltern und Erzieherinnen. Neue Studien zu einem Erfolgsmodell.* Berlin: Dohrmann.

Heekerens, H.-P. (2022). *Familientherapie* [online]. socialnet Lexikon. Bonn: socialnet, 04.05.2022. Verfügbar unter: https://www.socialnet.de/lexikon/453 [Zugriff am: 22.07.2023].

Hegeman, T. (2022). Lösungsfokussierung. In J. Wirth & H. Kleve (Hrsg.), *Lexikon des systemischen Arbeitens. Grundbegriffe der systemischen Praxis, Methodik und Theorie* (S. 299–302). Heidelberg: Carl-Auer.

Hirschberg, R. (2022). Skalieren. In J. Wirth & H. Kleve (Hrsg.), *Lexikon des systemischen Arbeitens. Grundbegriffe der systemischen Praxis, Methodik und Theorie* (S. 433–436). Heidelberg: Carl-Auer.

Hobfoll, S. (1989). Conservation of resources: A new attempt at conceptualizing stress. *American Psychologist, 44* (3), 513–524.

Hobfoll, S. (1998). *Stress, culture, and community.* New York: Plenum Press.

Hobfoll, S. & Lilly, R. (1993). Resource conservation as a strategy for community psychology. *Journal of Community Psychology, 21* (2), 128–148.

Hochbahn, A. (2022). *Gekonnt online in Beratung, Coaching und Weiterbildung. Digitale Formate für die Praxis.* Göttingen: Vandenhoeck & Ruprecht.

Hoffman, L. (2000). *Grundlagen der Familientherapie: Konzepte für die Entwicklung von Systemen* (4., überarbeitete Auflage). Salzhausen: iskopress.

Höfner, E. N. (2023). *Glauben Sie ja nicht, wer Sie sind. Grundlagen und Fallbeispiele des Provokativen Stils* (6. Auflage). Heidelberg: Carl-Auer.

Höfner, E. N. & Cordes, C. (2023). *Einführung in den Provokativen Ansatz* (2. Auflage). Heidelberg: Carl-Auer.

Hölzle, C. (2011). Bedeutung von Ressourcen und Kreativität für die Bewältigung biografischer Herausforderungen. In C. Hölzle & I. Jansen (Hrsg.), *Ressourcenorientierte Biografiearbeit: Grundlagen – Zielgruppen – kreative Methoden* (2., durchgesehene Auflage, S. 71–86). Wiesbaden: VS-Verlag.

Hörmann, M. (2020). Systemisch beraten in digitalen Welten – Perspektiven und Herausforderungen. *Zeitschrift für systemische Therapie und Beratung, 38* (4), 143–149.

Illouz, E. (2009). *Die Errettung der modernen Seele: Therapien, Gefühle und die Kultur der Selbsthilfe.* Frankfurt a. M.: Suhrkamp. (Original erschienen 2008)

Kindl-Beilfuß, C. (2012). *Fragen können wie Küsse schmecken: Systemische Fragetechniken für Anfänger und Fortgeschrittene.* Heidelberg: Carl-Auer.

Kindl-Beilfuß, C. (2015). *Ein Himmel voller Fragen. Systemische Interviews, die glücklich machen.* Heidelberg: Carl-Auer.

Klein, R. & Kannicht, A. (2011). *Einführung in die Praxis der systemischen Therapie und Beratung* (4. Auflage). Heidelberg: Carl-Auer.

Kleve, H. (2016). Arbeit mit Skulpturen und Aufstellungen. In T. Levold & M. Wirsching (Hrsg.), *Systemische Therapie und Beratung – das große Lehrbuch* (S. 234–240). Heidelberg: Carl-Auer.

Köhler-Ludescher, A. (2014). *Paul Watzlawick – die Biografie: die Entdeckung des gegenwärtigen Augenblicks.* Bern: Hans Huber.

Kollar, A. (2023). *Nur die Lumpe sind bescheiden: eine Autobiografie der Heidelberger systemischen Gruppe.* Heidelberg: Carl-Auer.

Kriz, J. (2011). Blühende Landschaften zwischen „Verfahrensblöcken" und „Berufsabschottungen". *Kontext, 42* (2), 116–119.

Kriz, J. (2014). *Grundkonzepte der Psychotherapie* (7., überarbeitete und erweiterte Auflage). Weinheim: Beltz.

Kuhnert, T. (2020). Es wird uns in Zukunft nicht weiterhelfen, wenn wir immer wieder die Gemeinsamkeiten betonen. *Kontext, 51* (1), 21–25.

Kuhnert, T. & Berg, M. (2020). *Systemische Therapie jenseits des Heilauftrags. Systemtherapeutische Perspektiven in der Sozialen Arbeit und verwandten Kontexten.* Göttingen: Vandenhoeck & Ruprecht.

Kupfer, A. & Nestmann, F. (2016). Beratungen im sozialen Kontext. In D. Rohr, A. Hummelsheim & M. Höcker (Hrsg.), *Beratung lehren. Erfahrungen, Geschichten, Reflexionen aus der Praxis von 30 Lehrenden* (S. 323–341). Weinheim/Basel: BeltzJuventa.

Kupfer, A. & Paulick, C. (2023). *Ressourcen* [online]. socialnet Lexikon. Bonn: socialnet, 19.12.2023. Verfügbar unter: https://www.socialnet.de/lexikon/893 [14.01.2024].

Kupfer, A., Wesenberg, S., Gahleitner, S. & Nestmann, F. (2021). *Beratung und Psychotherapie. Aktuelle Entwicklungen im Spannungsfeld von Abgrenzung und fruchtbarer Kooperation.* Tübingen: dgvt-Verlag.

Lambers, H. (2022). Kontingenz (doppelte). In J. Wirth & H. Kleve (Hrsg.), *Lexikon des systemischen Arbeitens. Grundbegriffe der systemischen Praxis, Methodik und Theorie* (S. 259–262). Heidelberg: Carl-Auer.

Levold, T. (2016a). Systemische Therapie als transdisziplinäres und multiprofessionelles Konzept. In T. Levold & M. Wirsching (Hrsg.), *Systemische Therapie und Beratung – das große Lehrbuch* (S. 14–20). Heidelberg: Carl-Auer.

Levold, T. (2016b). Kommunikation und Beobachtung: Die Kybernetik 2. Ordnung. In T. Levold & M. Wirsching (Hrsg.), *Systemische Therapie und Beratung – das große Lehrbuch* (S. 53–58). Heidelberg: Carl-Auer.

Levold, T. (2016c). Der Stellenwert von Tools und Methoden. In T. Levold & M. Wirsching (Hrsg.), *Systemische Therapie und Beratung – das große Lehrbuch* (S. 220–223). Heidelberg: Carl-Auer.

Levold, T. (2020). Systemische Therapie für unterschiedliche Kontexte und Systeme – ein transdisziplinärer, multiprofessioneller und kompetenzorientierter Ausblick. In T. Kuhnert & M. Berg (Hrsg.), *Systemische Therapie jenseits des Heilauftrags. Systemtherapeutische Perspektiven in der Sozialen Arbeit und verwandten Kontexten* (S. 344–362). Göttingen: Vandenhoeck & Ruprecht.

Levold, T. (2021). Diagnostik als soziale Konstruktion: Zur Geschichte des DSM als hegemonialer Bezugsrahmen für die psychiatrische und psychotherapeutische Diagnostik. *Kontext, 52* (2), 105–126.

Levold, T. & Osthoff, K. (2016). Aus- und Weiterbildung. In T. Levold & M. Wirsching (Hrsg.), *Systemische Therapie und Beratung – das große Lehrbuch* (S. 510–531). Heidelberg: Carl-Auer.

Levold, T. & Wirsching, M. (2016). Vorwort der Herausgeber. In T. Levold & M. Wirsching (Hrsg.), *Systemische Therapie und Beratung – das große Lehrbuch* (S. 9–12). Heidelberg: Carl-Auer.

Lieb, H. (2020). Meine Visionen zur Systemtherapie in 2030. *Kontext, 51* (1), 28–32.

Lindemann, H. (2023). *Systemisch-lösungsorientierte Gesprächsführung in Beratung, Coaching, Supervision und Therapie. Ein Lehr-, Lern- und Arbeitsbuch für Ausbildung und Praxis* (3., erweiterte und aktualisierte Auflage). Göttingen: Vandenhoeck & Ruprecht.

Ludewig, K. (2016). Systemische Weiterbildung – Hilfen zur Entwicklung einer ‚systemischen Haltung'. In D. Rohr, A. Hummelsheim & M. Höcker (Hrsg.), *Beratung lehren. Erfahrungen, Geschichten, Reflexionen aus der Praxis von 30 Lehrenden* (S. 25–37). Weinheim/Basel: BeltzJuventa.

Ludewig, K. (2021). *Einführung in die theoretischen Grundlagen der systemischen Therapie* (4. Auflage). Heidelberg: Carl-Auer.

Ludewig, K. (2022). Auftrag. In J. Wirth & H. Kleve (Hrsg.), *Lexikon des systemischen Arbeitens. Grundbegriffe der systemischen Praxis, Methodik und Theorie* (S. 55–57). Heidelberg: Carl-Auer.

Luhmann, N. (1984). *Soziale Systeme: Grundriss einer allgemeinen Theorie*. Frankfurt a. M.: Suhrkamp.

Luhmann, N. (2009). *Einführung in die Theorie der Gesellschaft* (2. Auflage). Heidelberg: Carl-Auer.

Luhmann, N. (2017). *Einführung in die Systemtheorie* (7. Auflage). Heidelberg: Carl-Auer.

Maturana, H. R. (1982). Biologie der Kognition. In H. R. Maturana, *Erkennen: Die Organisation und Verkörperung von Wirklichkeit* (S. 32–80). Braunschweig: Vieweg. (Original erschienen 1970)

Maturana, H. R. & Pörksen, B. (2018). *Vom Sein zum Tun. Die Ursprünge der Biologie des Erkennens* (4. Auflage). Heidelberg: Carl-Auer.

Maturana, H. R. & Varela, F. J. (2018). *Der Baum der Erkenntnis: Die biologischen Wurzeln menschlichen Erkennens*. Frankfurt a. M.: Fischer.

Minuchin, S. & Fishmann, C. H. (1983). *Praxis der strukturellen Familientherapie.* Freiburg: Lambertus.

Molter, H. & Wolter, B. (2020). Systemische Didaktik. In P. Bauer & M. Weinhardt (Hrsg.), *Systemische Kompetenzen entwickeln. Grundlagen, Lernprozesse und Didaktik* (S. 176–187). Göttingen: Vandenhoeck & Ruprecht.

Mücke, K. (2019a). *Probleme sind Lösungen. Systemische Beratung und Psychotherapie – ein pragmatischer Ansatz. Lehr- und Lernbuch* (5. Auflage). Berlin: Ökosysteme Verlag.

Mücke, K. (2019b). *Wer nicht handelt, wird be-handelt. Systemische Lehr- und Lerntexte zu psychiatrischen und psychosozialen Problemlösungen für Betroffene, Angehörige und Professionelle* (3. Auflage). Berlin: Ökosysteme Verlag.

Müller, C. W. (2013). *Wie Helfen zum Beruf wurde. Eine Methodengeschichte der Sozialen Arbeit* (6. Auflage). Weinheim/Basel: BeltzJuventa.

Nagel, L. (2022). Kybernetik. In J. Wirth & H. Kleve (Hrsg.), *Lexikon des systemischen Arbeitens. Grundbegriffe der systemischen Praxis, Methodik und Theorie* (S. 279–283). Heidelberg: Carl-Auer.

Nestmann, F. (1996). Psychosoziale Beratung – ein ressourcentheoretischer Entwurf. *Verhaltenstherapie und psychosoziale Praxis, 28* (3), 359–376.

Nestmann, F. (2002). Verhältnis von Beratung und Psychotherapie. *Psychotherapie im Dialog, 3* (4), 402–409.

Nestmann, F. (2014a). Ressourcenorientierte Beratung. In F. Nestmann, F. Engel & U. Sickendiek (Hrsg.), *Das Handbuch der Beratung. Band 2: Ansätze, Methoden und Felder* (3. Auflage, S. 725–735). Tübingen: dgvt-Verlag.

Nestmann, F. (2014b). Beratungsmethoden und Beratungsbeziehung. In F. Nestmann, F. Engel & U. Sickendiek (Hrsg.), *Das Handbuch der Beratung. Band 2: Ansätze, Methoden und Felder.* (3. Auflage, S. 783–796). Tübingen: dgvt-Verlag.

Nestmann, F., Engel, F. & Sickendiek, U. (2014). *Das Handbuch der Beratung. Band 2: Ansätze, Methoden und Felder* (3. Auflage, S. 599–608). Tübingen: dgvt-Verlag.

Nestmann, F. & Werner, J. (2012). Ressourcenorientierte Beratung. In A. Knecht & F.-C. Schubert (Hrsg.), *Ressourcen im Sozialstaat und in der Sozialen Arbeit: Zuteilung – Förderung Aktivierung* (S. 292–305). Stuttgart: Kohlhammer.

Ochs, M. (2020a). Die erkenntnistheoretischen Säulen und praxeologischen Grundorientierungen systemischen Arbeitens. In P. Bauer & M. Weinhardt (Hrsg.), *Systemische Kompetenzen entwickeln. Grundlagen, Lernprozesse und Didaktik* (S. 134–157). Gottingen: Vandenhoeck & Ruprecht.

Ochs, M. (2020b). Fließende Übergänge: Zu Gemeinsamkeiten und Unterschieden zwischen Beratung, Systemischer Therapie und Psychotherapie – oder wie man sich die Zähne ausbeißen kann und zu guter Letzt beim Zen landet. In T. Kuhnert & M. Berg (Hrsg.), *Systemische Therapie jenseits des Heilauftrags. Systemtherapeutische Perspektiven in der Sozialen Arbeit und verwandten Kontexten* (S. 29–60). Göttingen: Vandenhoeck & Ruprecht.

Palmowski, W. (2014). *Systemische Beratung* (2. Auflage). Stuttgart: Kohlhammer.

Paulick, C. (2018a). *Eine Spurensuche anormaler Identität im Werk Michel Foucaults*. Weinheim/Basel: BeltzJuventa.

Paulick, C. (2018b). *Macht* [online]. socialnet Lexikon. Bonn: socialnet, 17.09.2018. Verfügbar unter: https://www.socialnet.de/lexikon/Macht [10.08.2023].

Paulick, C. (2019). *Ressourcenorientierung* [online]. socialnet Lexikon. Bonn: socialnet, 01.04.2019. Verfügbar unter: https://www. socialnet.de/lexikon/Ressourcenorientierung [11.08.2023].

Paulick, C. (2020a). *Systemischer Ansatz* [online]. socialnet Lexikon. Bonn: socialnet, 23.10.2020. Verfügbar unter: https://www.socialnet.de/lexikon/4425 [05.08.2023].

Paulick, C. (2020b). *Systemische Beratung* [online]. socialnet Lexikon. Bonn: socialnet, 23.10.2020. Verfügbar unter: https://www.socialnet.de/lexikon/6064 [09.08.2023].

Paulick, C. (2020c). *Systemische Therapie* [online]. socialnet Lexikon. Bonn: socialnet, 23.10.2020. Verfügbar unter: https://www.socialnet.de/lexikon/1052 [09.08.2023].

Paulick, C. (2020d). *Systemische Soziale Arbeit* [online]. socialnet Lexikon. Bonn: socialnet, 23.10.2020. Verfügbar unter: https://www.socialnet.de/lexikon/5064 [09.08.2023].

Paulick, C. (2021). Die Kunst der Irritation – Selbstreflexionen in der Hochschullehre. In H. Lindemann & S. Trumpa (Hrsg.), *Hochschullehre: systemisch? Theoretische und praktische Impulse für Didaktik und Methodik* (S. 164–178). Göttingen: Vandenhoeck & Ruprecht.

Paulick, C. & Wesenberg, S. (2019). „Echt ätzend, dass ich hierherkommen muss …". Beratung mit (noch) nicht-kooperativen Jugendlichen. *Beratung Aktuell, 20* (1), 19–33.

Paulick, C. & Wesenberg, S. (2020). Blind Date mit sich selbst – Hochschuldidaktische Zugänge zu Selbsterfahrung und Selbstreflexion als zentrale Elemente beraterischer Professionalität. *Beratung Aktuell, 21* (4), 4–19.

Paulick, C. & Wesenberg, S. (2024). *Beratung lehren im Studium Sozialer Arbeit.* Stuttgart: Kohlhammer.

Petzold, H. (1997). Das Ressourcenkonzept in der sozialinterventiven Praxeologie und Systemberatung. *Integrative Therapie, 4,* 435–471. Neu eingestellt 2012 unter: https://www.fpi-publikation.de/images/stories/downloads/polyloge/petzold-das-ressourcenkonzept-in-sozialinterventiven-praxeologie-systemberatung-polyloge-12-2012.pdf [11.08.2023].

Prior, M. (2022). *MiniMax-Interventionen. 15 minimale Interventionen mit maximaler Wirkung* (18. Auflage). Heidelberg: Carl-Auer.

Retzlaff, R. (2011). Einheit in der Vielfalt. *Kontext, 42* (2), 124–128.

Ritscher, W. (2006). Das Tun des Einen ist das Tun des Anderen: Helm Stierlins Beiträge zur Entwicklung der Familien- und Systemtherapie. *Kontext, 37* (1), 5–22.

Ritscher, W. (2009). Zur Geschichte der Familientherapie – Eine Skizze. *Kontext, 40* (1), 3–31.

Ritscher, W. & Stierlin, H. (2018). „Ich habe relativ früh gelernt, dass man weiterkommt, wenn man Fehler macht und aus Fehlern lernt" (2005). In W. Ritscher, T. Levold, D. Foertsch & P. Bauer (Hrsg.), *Erkunden, erinnern, erzählen: Interviews zur Entwicklung des systemischen Ansatzes* (2., korrigierte Auflage, S. 111–130). Göttingen: Vandenhoeck & Ruprecht.

Salomon, A. (1926). *Soziale Diagnose.* Berlin: Carl Heymanns.

Satir, V. (2000a). Wir als Agenten der Veränderung. In V. Satir, J. Stachowiak & H. Taschmann (Hrsg.), *Praxiskurs Familientherapie: Die Entwicklung individuellen Gewahrseins und die Veränderung von Familien* (S. 29–49). Paderborn: Junfermann.

Satir, V. (2000b). Ein simuliertes Familieninterview. In V. Satir, J. Stachowiak & H. Taschmann (Hrsg.), *Praxiskurs Familientherapie: Die Entwicklung individuellen Gewahrseins und die Veränderung von Familien* (S. 137–183). Paderborn: Junfermann.

Satir, V. (2003). *Familienbehandlung. Kommunikation und Beziehung in Theorie, Erleben und Therapie* (10. Auflage). Freiburg i. B.: Lambertus.

Satir, V. (2020). *Selbstwert und Kommunikation: Familientherapie für Berater und zur Selbsthilfe* (24. Auflage). Stuttgart: Klett-Cotta. (Original erschienen 1972)

Satir, V. (2022). *Mein Weg zu dir: Kontakt finden und Vertrauen gewinnen* (18. Auflage). München: Kösel-Verlag.

Schaller, J. & Schemmel, H. (Hrsg.). (2013a). *Ressourcen: Ein Hand- und Lesebuch zur psychotherapeutischen Arbeit* (2., vollständig überarbeitete und erweiterte Auflage). Tübingen: dgvt-Verlag.

Schaller, J. & Schemmel, H. (2013b). Exkurs: Ressourcen, Ressourcenaktivierung und Ressourcenorientierung. In J. Schaller & H. Schemmel (Hrsg.), *Ressourcen: Ein Hand- und Lesebuch zur psy-*

chotherapeutischen Arbeit (2., vollständig überarbeitete und erweiterte Auflage, S. 83–86). Tübingen: dgvt-Verlag.

Schlippe, A. von (2016). Das Auftragskarussell: Ein Instrument der Klärung eigener Erwartungserwartungen. In T. Levold & M. Wirsching (Hrsg.), *Systemische Therapie und Beratung – das große Lehrbuch* (2. Auflage, S. 223–227). Heidelberg: Carl-Auer.

Schlippe, A. von (2022). Reflektierendes Team, Reflektierende Positionen. In J. Wirth & H. Kleve (Hrsg.), *Lexikon des systemischen Arbeitens. Grundbegriffe der systemischen Praxis, Methodik und Theorie* (S. 387–390). Heidelberg: Carl-Auer.

Schlippe, A. von & Schweitzer, J. (2016). *Lehrbuch der systemischen Therapie und Beratung I: Das Grundlagenwissen* (3., unveränderte Auflage). Göttingen: Vandenhoeck & Ruprecht.

Schlippe, A. von & Schweitzer, J. (2019). *Systemische Interventionen* (4. Auflage). Göttingen: Vandenhoeck & Ruprecht/UTB.

Schmidt, G. (2017). Berater als „Realitätenkellner" und Beratung als koevolutionäres Konstruktionsritual für zieldienliche Netzwerkaktivierungen – einige hypnosystemische Implikationen. In W. A. Leeb, B. Trenkle & M. F. Weckenmann (Hrsg.), *Der Realitätenkellner. Hypnosystemische Konzepte in Beratung, Coaching und Supervision* (2. Auflage, S. 18–35). Heidelberg: Carl-Auer.

Schmidt, G. (2019). Das Orchester der Sinne nutzen für erfolgreiche »Lösungssinfonien« – Hypnosystemische multisensorische Strategien für kraftvolle ganzheitliche Lösungen. In M. Bohne, M. Ohler, G. Schmidt & B. Trenkle (Hrsg.), *Reden reicht nicht!? Bifokal-multisensorische Interventionsstrategien für Therapie und Beratung* (2. Auflage, S. 171–216). Heidelberg: Carl-Auer.

Schmidt, G. (2021). *Liebesaffären zwischen Problem und Lösung. Hypnosystemisches Arbeiten in schwierigen Kontexten* (9. Auflage). Heidelberg: Carl-Auer.

Schubert, F.-C. & Knecht, A. (2015). Ressourcen – Merkmale, Theorien und Konzeptionen im Überblick: eine Übersicht über Ressourcenansätze in Soziologie, Psychologie und Sozialpolitik. In *Social Science Open Access Repository (SSOAR)* [online]. Verfügbar unter: https://nbn-resolving.org/urn:nbn:de:0168-ssoar-50698-1 [19.03.2019].

Schubert, F. C., Rohr, D. & Zwicker-Pelzer, R. (2019). *Beratung. Grundlagen – Konzepte – Anwendungsfelder.* Wiesbaden: Springer Fachmedien.

Schweitzer, J. & Fliegel, S. (2022). 12. DGVT-Interview mit Prof. Dr. Jochen Schweitzer geführt im Juni 2022 in Heidelberg von Steffen Fliegel. *Verhaltenstherapie und psychosoziale Praxis, 54* (3), 530–548.

Schweitzer, J., Rotthaus, W. & Hermans, B. E. (2020). *Das Ganze Systemische Feld: Verbandsentwicklung am Fallbeispiel der DGSF.* Göttingen: Vandenhoeck & Ruprecht.

Schweitzer, J. & Schlippe, A. von (2016). *Lehrbuch der systemischen Therapie und Beratung II: Das störungsspezifische Wissen* (3., unveränderte Auflage). Göttingen: Vandenhoeck & Ruprecht.

Schwing, R. (2016a). Auftragsklärung. In T. Levold & M. Wirsching (Hrsg.), *Systemische Therapie und Beratung – das große Lehrbuch* (S. 172–174). Heidelberg: Carl-Auer.

Schwing, R. (2016b). Allgemeine Grundlagen systemischer Praxis. In T. Levold & M. Wirsching (Hrsg.), *Systemische Therapie und Beratung – das große Lehrbuch* (S. 151–156). Heidelberg: Carl-Auer.

Schwing, R. (2022). Neutralität. In J. Wirth & H. Kleve (Hrsg.), *Lexikon des systemischen Arbeitens. Grundbegriffe der systemischen Praxis, Methodik und Theorie* (S. 340–343). Heidelberg: Carl-Auer.

Schwing, R. & Fryszer, A. (2016). *Systemische Beratung und Familientherapie* (5. Auflage). Göttingen: Vandenhoeck & Ruprecht.

Schwing, R. & Fryszer, A. (2018). *Systemisches Handwerk: Werkzeug für die Praxis* (9. Auflage). Göttingen: Vandenhoeck & Ruprecht.

Selvini Palazzoli, M., Boscolo, L., Cecchin, G. & Prata, G. (1981). Hypothetisieren – Zirkularität – Neutralität. Drei Richtlinien für den Leiter der Sitzung. *Familiendynamik, 6* (2), 123–139.

Selvini Palazzoli, M., Boscolo, L., Cecchin, G. & Prata, G. (2011). *Paradoxon und Gegenparadoxon: Ein neues Therapiemodell für die Familie mit schizophrener Störung* (11. Auflage). Stuttgart: Klett-Cotta. (Original erschienen 1975)

Sickendiek, U., Engel, F. & Nestmann, F. (2008). *Beratung. Eine Einführung in sozialpädagogische und psychosoziale Beratungsansätze.* Reihe: Grundlagentexte Soziale Berufe (3. Auflage). Weinheim: Juventa.

Simon, F. B. (1993). *Unterschiede, die Unterschiede machen. Klinische Epistemologie: Grundlage einer systemischen Psychiatrie und Psychosomatik.* Frankfurt a. M.: Suhrkamp.

Simon, F. B. (2012). *Meine Psychose, mein Fahrrad und ich. Zur Selbstorganisation der Verrücktheit* (13. Auflage). Heidelberg: Carl-Auer.

Simon, F. B. (2017). *Einführung in Systemtheorie und Konstruktivismus.* Heidelberg: Carl-Auer Compact.

Simon, F. B. (2022). Zirkuläres Fragen. In J. Wirth & H. Kleve (Hrsg.), *Lexikon des systemischen Arbeitens. Grundbegriffe der systemischen Praxis, Methodik und Theorie* (S. 536–538). Heidelberg: Carl-Auer.

Simon, F. B., Clement, U. & Stierlin, H. (2004). *Die Sprache der Familientherapie: Ein Vokabular. Kritischer Überblick und Integration systemtherapeutischer Begriffe, Konzepte und Methoden* (6., überarbeitete und erweiterte Auflage). Stuttgart: Klett-Cotta.

Simon, F. B. & Rech-Simon, C. (2020). *Zirkuläres Fragen: Systemische Therapie in Fallbeispielen: Ein Lernbuch.* Heidelberg: Carl-Auer.

Steiner, T. & Berg, I. K. (2016). *Handbuch lösungsorientiertes Arbeiten mit Kindern* (7. Auflage). Heidelberg: Carl-Auer.

Stierlin, H. (1974). *Eltern und Kinder. Das Drama von Trennung und Versöhnung im Jugendalter.* Frankfurt a. M.: Suhrkamp.

Stierlin, H. (2001). *Psychoanalyse – Familientherapie – systemische Therapie: Entwicklungslinien, Schnittstellen, Unterschiede.* Stuttgart: Klett-Cotta.

Stierlin, H. (2007). Drei Pioniere der Familienforschung und -therapie. Ein Nachruf. *Kontext, 38* (2), 178–185.

Systemische Gesellschaft (SG) – Deutscher Verband für systemische Forschung, Therapie, Supervision und Beratung e. V. (2022). *Rahmenrichtlinien Systemische Therapie* (gültig seit 14.05.2014, Erweiterung 16.04.2015, 14.11.2016, 06.06.2018, 16.05.2019, 04.08.2021, 05.05.2022). Verfügbar unter: https://systemische-gesells

chaft.de/wp-content/uploads/2021/08/SG-Rahmenrichtlinien-Systemische-Therapie.pdf [12.08.2023].

Thiersch, H. (1990). Zur geheimen Moral der Beratung. In E. J. Brunner & W. Schönig (Hrsg.), *Theorie und Praxis von Beratung. Pädagogische und psychologische Konzepte* (S. 129–151). Freiburg: Lambertus.

Wahlster, A. (2020). Es ist zu erwarten, dass sich die berufsständischen Spaltungsbewegungen verstärken werden. *Kontext, 51* (1), 53–55.

Walker, W. (2018). *Abenteuer Kommunikation: Bateson, Perls, Satir, Erickson und die Anfänge des Neurolinguistischen Programmierens (NLP)* (8. Auflage). Stuttgart: Klett-Cotta.

Watzlawick, P. (2005a). *Wie wirklich ist die Wirklichkeit – Wahn, Täuschung, Verstehen* (19. Auflage). München: Piper. (Original erschienen 1976)

Watzlawick, P. (2005b). *Vom Schlechten des Guten oder Hekates Lösungen* (15. Auflage). München: Piper. (Original erschienen 1986)

Watzlawick, P. (2009). *Anleitung zum Unglücklichsein* (15. Auflage). München: Piper. (Original erschienen 1983)

Watzlawick, P. (2015). *Die Möglichkeit des Andersseins – Zur Technik der therapeutischen Kommunikation.* Bern: Huber.

Watzlawick, P. (2018). *Die erfundene Wirklichkeit – Wie wissen wir, was wir zu wissen glauben?* (11. Auflage). München: Piper. (Original erschienen 1981)

Watzlawick, P., Beavin, J. H. & Jackson, D. D. (2017). *Menschliche Kommunikation – Formen, Störungen, Paradoxien* (13. Auflage). Bern: Hogrefe. (Original erschienen 1967)

Watzlawick, P., Weakland, J. & Fisch, R. (2019). *Lösungen: Zur Theorie und Praxis menschlichen Wandels* (9. Auflage). Bern: Hogrefe.

Weinhardt, M. (2018). *Kompetenzorientiert systemisch beraten lernen. Gebrauchsanweisung für die eigene Professionalisierung.* Göttingen: Vandenhoeck & Ruprecht.

Wenzel, J. (2020). Rechtliche Einordnung Systemischer Therapie jenseits des Heilauftrags in Abgrenzung zu heilkundlicher Psychotherapie. In T. Kuhnert & M. Berg (Hrsg.), *Systemische Therapie jen-*

seits des Heilauftrags. Systemtherapeutische Perspektiven in der Sozialen Arbeit und verwandten Kontexten (S. 61–87). Göttingen: Vandenhoeck & Ruprecht.

Wesenberg, S. & Gahleitner, S. B. (2022). *Lehrbuch Psychologie in der Sozialen Arbeit: Eine Einführung in psychosoziales Denken und Handeln in klinischen Handlungsfeldern.* Weinheim/Basel: BeltzJuventa.

White, M. (1992). Therapie als Dekonstruktion. In J. Schweitzer, A. Retzer & R. Fischer (Hrsg.), *Systemische Praxis und Postmoderne* (S. 39–63). Frankfurt a. M.: Suhrkamp.

White, M. (2021). *Landkarten der narrativen Therapie* (2. Auflage). Heidelberg: Carl-Auer.

White, M. & Epston, D. (2020). *Die Zähmung der Monster: Der narrative Ansatz in der Familientherapie* (8. Auflage). Heidelberg: Carl-Auer.

Wienands, A. (2023). *Einführung in die körperorientierte systemische Therapie* (4. Auflage). Heidelberg: Carl-Auer.

Willutzki, U. (2013). Ressourcen: Einige Bemerkungen zur Begriffsklärung. In J. Schaller & H. Schemmel (Hrsg.), *Ressourcen: Ein Hand- und Lesebuch zur psychotherapeutischen Arbeit* (2., vollständig überarbeitete und erweiterte Auflage, S. 61–82). Tübingen: dgvt-Verlag.

Wirsching, M. & Stierlin, H. (1982). *Krankheit und Familie. Konzepte, Forschungsergebnisse, Therapie.* Stuttgart: Klett-Cotta.

Wittgenstein, L. (2021). *Tractatus logico-philosophicus – Logisch-philosophische Abhandlung.* Berlin: Suhrkamp.

Über den Autor

Prof. Dr. Christian Paulick ist Professor für Sozialarbeitswissenschaft und Beratung an der Hochschule Merseburg. Er ist Sozialpädagoge, Systemischer Berater (SG/DGSF), Systemischer (Familien-)Therapeut (SG/DGSF) und Systemischer Supervisor (SG) sowie Mitglied im Forum Beratung der DGVT. In seiner Forschung und Lehre beschäftigt er sich mit Beratung, Systemischer Sozialer Arbeit, Professionalität und Professionalisierung, Täter*innenarbeit sowie Selbstsorge.